KB056862

원어민 음성 MP3 다운로드 방법

- 한글영어 홈페이지에서 "영어회화 후 알파벳 영어단어"를
  검색해서 다운로드 가능합니다.

- 콜롬북스 앱에서 "영어회화 후 알파벳 영어단어"를 검색해서
  다운로드 가능합니다.

- 한글영어 공식카페의 "http://reurl.kr/1AD2F1BDNS"에서
  다운로드 받으실 수 있습니다.

알파벳도 글자, 한글도 글자!

그러면 영어를 알파벳보다 한글로 배우면 어떤 효과가 있을까?
알파벳과 한글의 학습 순서가 달라서, 적용의 결과가 완전히 다르다.

1 한국어는 소리로 완전히 배우고, 몇 년 후 한글 글자를 배우지만
영어는 알파벳 글자부터 배우고, 영어 소리를 나중에 배운다.

2 그 결과, 한국인은 한글 글자를 소리로 변환하는 능력이 있지만
알파벳 글자는 소리로 변환하지 못해 그림으로 저장하게 된다.

한글로 영어를 배우면, 소리로 영어를 배우는 효과가 있다.

영어회화 알파벳 後 영어단어

인쇄일	2019년 06월 1일
발행일	2019년 06월 1일
지은이	정용재
펴낸이	정용재
펴낸곳	(주)한글영어
주소	경기도 안양시 동안구 벌말로 123, A동 1111호 (평촌스마트베이)
전화	070-8711-3406
등록	제 385-2016-000051호
공식카페	http://한글영어.한국
MP3 다운로드	http://www.hanglenglish.com
디자인	김소아
인쇄제본	씨에이치피앤씨 (CH P&C) 02-2265-6116
ISBN	9791188935246 (13740) CIP 2019017065

한글영어 원리는

한글영어 학습방법은 크게 보면 완전히 새로운 노래를 배우는 것과 같습니다.

어느 가수가 "미래의 사랑"이라는 신곡을 발표해서 가사가 네이버 뮤직에

올라왔을 때, 이 노래를 한 번도 들어보지 못한 사람에게 한글 가사만 보고

'미래의 사랑'이란 노래를 불러보라고 한다면, 그 사람이 노래를 노래답게

잘 부를 수 있을까요?

아직 눈에 보이지않지만 내게 다가오는 당신이 느껴져

내의 마음은 당신을 위해 고이 간직 된 생명수와 같아

한글을 아는 한국인이라면 아마도 노래가 아니라 소설을 읽듯이 읽을 것입니다.

그렇다고 해서 그 사람에게 "한글 가사로 노래를 부르라고 하니 노래가 아니라

소설처럼 읽는다"라면서 한글로 노래를 배우면 안 된다고 누가 말할까요?

단 한 사람도 그렇게 말하는 사람은 없을 것입니다.

한글로 배우는 영어의 원리도 잘 생각해보면, 이미 여러분이 알고 있는 노래를

배우는 원리를 떠올려서 적용하면 아무런 문제가 없는데도, 이제까지 영어전

문가들의 잘못된 이론에 세뇌되었다고 할 수 있습니다.

한글영어 교재를 보면서, 인토네이션도 없고, 한글과 영어는 발음이 달라서 표

기가 안 되는 문제들로 소설처럼 영어를 읽게 되어서 영어를 배울 수 없다고

모든 사람이 이구동성으로 한글영어를 비판합니다.

수년 동안 한글영어 교육을 주장해온 저로서는 너무도 많이 들었던 말이지

가수의 신곡을 배우는 것과 같다

만, 이런 것들은 한글로 영어를 배우는데 전혀 문제가 되지 않습니다.

만약 '미래의 사랑'의 가사만으로 노래를 부르도록 말하면, 여러분은 노래가 아니라 소설처럼 읽게 되고, 박자도 모르고 음정도 몰라 노래할 수 없다고 말하면서, 거의 한글영어와 유사한 이의제기를 하면서 포기하게 될 것입니다.

그런데 "미래의 사랑"의 가사만이 아니라, 가수가 직접 부른 노래를 들으면서 노래를 배우도록 하면 어떻게 될까요? 아마도 사람들은 아무런 이의제기 없이 '미래의 사랑'의 한글 가사를 보면서 가수의 노래를 들으면서 열심히 가수처럼 부르려고 노력할 것입니다.

노래를 배우는 방식 그대로 한글영어로 공부한다고 생각하면 됩니다.

한글로 영어를 배울 때 한글발음으로 쓰인 한글영어만으로 영어를 배운다면 한글 가사만으로 노래를 배우는 것처럼 문제가 될 수 있습니다. 그러나 항상 원어민의 소리와 함께 배운다면 어떠한 문제도 일어나지 않습니다. 이점을 생각하고 한글영어를 판단해보기 바랍니다.

미래의 사랑

한글가사 + 가수의 노래 → 노래를 노래처럼 부르기

한글영어 + 원어민 음성 → 원어민처럼 영어 말하기

영어회화 후
알파벳 영어단어

1 한글영어문장 100번 이상 읽기 (예 : 12페이지)

처음 불러보는 어려운 노래의 경우는 처음에 가사를 소설책 읽듯이 평범하게 읽어보는 것으로 시작을 합니다. 그리고 조금 빠르게 그리고 감정을 살려서 읽어보는 과정을 거치게 됩니다.

이와 같은 원리로 익숙해지도록 100번 이상 한글영어문장을 보면서 읽습니다. 물론 이때 원어민의 음성을 들으면서 따라 읽어도 좋습니다. 그리고 나서 원어민의 음성만 들으면서 따라 말하도록 훈련을 합니다.

2 한글의미를 보고 영어로 말하기 (예 : 13페이지)

영어문장이 익숙해졌으면 이제는 한글의미를 보면서 영어로 바꿔 말해보는 연습을 합니다. 앞에서 충분히 영어로 말하는 연습을 했다면 입에서 빠르게 영어로 말할 수 있을 것입니다. 처음엔 한글영어문장을 보면서 말하지만, 점차 한글의미만 보고 영어문장을 말할 수 있도록 암기해 나가도록 합니다.

> **한글의미** 한글영어문장보고 빠르게 영어문장 말하기 (보고 읽기) →
> **한글의미** 한글영어문장 안보고 빠르게 영어문장 말하기 (암기후 말하기)

다만, 1일 치 15문장씩 정확히 암기한 후 그다음 일 치의 단어를 외우거나, 6일 치 90문장을 누적해서 암기하는 방법 등 진행은 자유롭게 가능합니다. 한글영어에서는 굳이 전체 이야기를 안 보고 말하는 통암기를 권하지 않습니다. 문장 하나를 암기하는 것과 이야기 전체를 순서대로 암기하는 것은 난이도나 시간 투자에 있어서 많은 차이가 있습니다. 이러한 원칙에 따라서,

한글영어 학습방법에 대해서 세세한 것에 대해서 고민이 있다면
스스로 노래를 배울 때 어떻게 하는지 잘 생각해보면
본인만의 해답을 찾을 수 있습니다.

3 힌트를 보고 영어문장 말하기 (예 : 24페이지)

한글영어문장의 앞 단어를 보고 순서대로 영어로 즉각적이고 반사적으로
말할 수 있을 정도가 되면 성공했다고 할 수 있습니다. 이와 함께 원어민의
소리를 들으면서 따라 하는 일명 영어쉐도잉을 할 수 있으면 충분합니다.

4 힌트를 보고 영어문장 말하기 (예 : 27페이지)

한글영어문장의 앞 단어를 보고 순서대로 영어로 즉각적이고 반사적으로
말할 수 있을 정도가 되면 성공했다고 할 수 있습니다.

5 판도라의 상자는 영어문장 완전 암기후 열기 (예 : 211페이지)

영어회화를 공부할 때 소리를 완전히 암기하기 전에 한 번이라도 영어문자를
보게 되면 더 이상 영어회화가 아님을 명심해야 함을 거듭 말씀을 드립니다.
한글영어문장으로 영어소리의 암기가 완전히 된 다음에, 원어민의 음성을
들으면서 영어문자를 보면서 가벼운 마음으로 따라 읽으면 됩니다.

6 각 영어단어 마무리 수준

6일분량의 1번부터 90번까지 발음과 의미의 힌트를 보고 영어로 말
할 줄 알고, MP3를 들으면서 곧바로 쉐도잉이 가능하면 다음 단어
들로 진행합니다.

꼭 드리고 싶은 말씀 ★★

본 영어회화후 알파벳의 핵심원리는 <u>모든 언어습득에는 모국어를 배우는 과정처럼 확실한 순서가 있어서,</u> 먼저 소리로 듣고 말하는 영어를 충분히 훈련해서 적어도 영화나 애니를 듣고 따라 말할 정도가 된 다음에, 문자교육인 알파벳, 파닉스 교육을 해야 한다고 말하는 것입니다.

간단히 말씀드려서,

소리 영어교육과 문자 영어교육을 완전히 분리하라는 것입니다.

영어회화후 알파벳 영어단어 (소리영어로 왕초보영어회화공부혼자하기 영어학원 인강전 독학 기초 영어책)는 알고 있고, 생각하는 모든 영어학습법의 적용이 가능합니다.

몰입영어, 소리영어, 낭독영어, 큰소리영어, 통문장영어, 모국어영어, 영어책 한 권 외우기, 영화 한 편 씹어먹기, 스토리텔링, 미친영어, 원어민식영어, 특허받은 영어학습법, 기적의 영어학습법, 미드로 영어공부등 여러분 각자 생각나는 모든 영어학습법들.

지금까지 나온 영어학습방법들을 내게 적용하는데 한 가지 걸림돌이 있었지만, 아무도 이를 알려주지 않아서 깨닫지 못했는데, 바로 잘 모르는 영어문자 때문에 영어읽기가 안되고, 이는 바로 영어공부에 자연스러운 몰입할 수 없도록 하는 한계가 있었다는 것입니다. 그러나 한글영어로 하게 되면 이런 문제점이 전혀 없어서 영어학습에 완전 몰입이 가능하게 됩니다.

어느 영어전문가는 <u>첫째도 소리충격, 둘째도 소리충격, 셋째도 소리 충격</u>을 받아야 하고, 문자충격을 먼저 받으면 소리충격을 받을 수 없다고 했는데 백번 맞는 말입니다.

다만 영어소리충격이란 말이 실질적이 되려면 절대로 영어문자교육을 하지 않아야 하고, 이미 문자교육을 받았다면 영어문자를 생각하거나 떠올리지 않도록 노력을 하면서 공부해야 한다는 점을 확실히 알고 있어야 합니다.

모국어는 어떻게 내가 말하고 있는지 모를 정도의 무의식의 작동으로 듣고 말하고 있습니다. 이는 듣기로 소리엔진 또는 소리시스템을 만들었기 때문에 가능한 이유입니다. 영어도 모국어처럼 무의식의 작동으로 듣고 말하고 싶다면 반드시 듣기로 영어만의 소리엔진 또는 시스템을 만들지 않으면 안 됩니다.

영어회화란 글자 없이 소리만으로 듣고 말하는 의사소통을 말합니다. 그래서 듣고 말하는 영어회화를 잘하고 싶다면 배울 때부터 영어 글자없이 배워야만 실제 영어회화의 상황에서 적응할 수가 있습니다. 배울 때는 영어문자에 의존해서 배우다가 현장에서 영어 글자없이 영어회화를 하려고 하면 머릿속이 하얘지면서 적응이 안 됩니다.

모국어학습법에 대해서 말들이 많은데 한글영어에서 정확한 의미를 말씀드린다면, 진정한 모국어학습의 특징은 소리와 문자가 완전히 분리된 교육으로, 듣고 말하는 한국어가 된 다음 읽고 쓰는 ㄱ, ㄴ, ㄷ 한글을 배우는 교육을 말합니다.

그래서 영어를 모국어학습법으로 배운다고 말하면서, 만약 영어글자 와 함께 공부한다면 아무리 듣기와 말하기를 강조해도 그 모든 교육은 모국어학습법과는 전혀 상관이 없습니다. 간단히 말해서 모국어학습법이란 소리교육과 문자교육이 철저히 분리된 교육입니다.

결론적으로 영어를 잘하고 싶다면 듣고 말하는 소리영어가 익숙해진 다음에, 읽고 쓰는 문자영어를 공부하면 영어회화뿐만 아니라 영어리딩, 영어독해, 영어스피킹등 모든 영어를 잘할 수 있습니다.

듣기에 대한 국어사전의 정의를 보면, "듣기란 읽기, 쓰기, 말하기의 기초이다"라는 말이 있는데 이를 영어교육에 적용해서 본다면, 영어듣기가 완성되었다는 것은 영어읽기, 영어쓰기, 영어말하기를 위한 기초가 준비되었다는 의미이기 때문에, 영어듣기를 잘하게 되면 읽기, 쓰기, 말하기 모두를 잘하게 되는 것은 당연한 결과라고 할 수 있습니다.

본 책은 진짜 영어회화를 하고 싶은 사람을 위한 영어회화책으로 조금이라도 영어읽기와 영어쓰기에 고민이 있거나 영어공부의 목표가 읽고 쓰고 시험을 보는 영어라면 조용히 책을 덮고 다른 영어책을 찾을 것을 권해드립니다.

영어회화는 소리, 영어시험은 문자가 중심이 되는 공부입니다. 따라서 처음 시작할 때부터 공부의 목적이 다르고 공부하는 방법도 완전히 달라질 수밖에 없습니다. 이점을 간과하고 읽기, 쓰기, 듣기, 말하기를 열심히 하면 뭐라도 되지 않을까? 하는 생각을 하면 노력에도 불구하고 실패할 수 있습니다.

지금까지 대한민국 영어회화의 실패는 확실한 성공원리를 모르고 그냥 열심히 했기 때문이라면, 이제부터는 확실한 성공원리와 한글영어교재로 열심히 해서 영어회화에 도전하는 모두가 성공할 수 있기를 바랍니다.

좀 더 자세한 내용은 한글영어 학습이론에 대해 질문과 답변형식을 빌어 구체적으로 설명한 〈정용재의 영어독설〉 책을 참조해보시기 바랍니다.

001 - 090

01 일차 ～ 06 일차

"한글발음을 읽을 때,
영어소리를 온몸으로 느낀다고 생각하며 읽는다"

ㅍ, ㄹ, ㅂ 는 각각 f, r, v 발음 표시
진한 발음은 강세 표시

번호	단어발음	문장발음
□ 001	**코:**r**너**r	· 턴 라잍 앹 댙 **코:**r너r.
□ 002	헬쓰	· 위취 푸:드 이즈 굳 퍼r 헬쓰?
□ 003	쏠브	· 아이 **파**이늘리 쏠브(드) 더 **디피**컬트 **프라:**블럼.
□ 004	클래쓰룸	· 더 스튜든츠 아r 인 더 **클래쓰룸**.
□ 005	페이	· 아이 윌 페이 퍼r 런취 **투데**이.
□ 006	**지:**브라	· 유 캔 씨: **지:**브라즈 앹 더 주:.
□ 007	싸우쓰	· 버:r즈 플루 싸우쓰 퍼r 더 **윈**터r.
□ 008	펌킨	· 디쓰 이즈 어 **베**리 라:r쥐 펌킨.
□ 009	**네**이버r	· 히 이즈 마이 넥쓰(트)-도어r **네**이버r.
□ 010	그라운드	· 아이 **파**운드 어 코인 온 더 그라운드.
□ 011	싸인	· 히 패쓰(트) 더 **추래픽** 싸인.
□ 012	와:취	· 캔 위 와:취 유튜브 나우?
□ 013	**매쥑**	· **매쥑** 이즈 히즈 온리 **하:**비.
□ 014	**오**우버r	· 더 팔:쓰 쥠트 **오**우버r 더 펜쓰.
□ 015	**레**러r	· 아이 센트 힘 어 **레**러r **예**쓰떠r데이.

번 호	단어의미	문장의미
☐ 001	**모퉁이**	· 저 모퉁이에서 우회전해라.
☐ 002	건강	· 어떤 음식이 건강에 좋은가요?
☐ 003	**풀다**	· 마침내 나는 어려운 문제를 풀었다.
☐ 004	교실	· 학생들이 교실에 있다.
☐ 005	**돈 내다**	· 오늘 점심은 제가 돈을 내겠습니다.
☐ 006	얼룩말	· 동물원에서 얼룩말을 볼 수 있다.
☐ 007	**남쪽**	· 새들이 겨울나기를 위해 남쪽으로 날아갔다.
☐ 008	호박	· 이것은 매우 큰 호박이다.
☐ 009	**이웃**	· 그는 나의 옆집에 사는 이웃이다.
☐ 010	땅	· 나는 땅 위에서 동전을 발견했다.
☐ 011	**표지판**	· 그는 교통 표지판을 지나갔다.
☐ 012	보다	· 지금 유튜브를 봐도 될까요?
☐ 013	**마술**	· 그의 유일한 취미는 마술이다.
☐ 014	~의 위로	· 여우는 울타리 위로 뛰어넘었다.
☐ 015	**편지**	· 나는 어제 그에게 편지를 보냈다.

02 일차

016 - 030

번 호	단어발음	문장발음
☐ 016	스띡	· 더 **파:**r머r 그랩(드) 더 스띡.
☐ 017	**퓨:**춰r	· 아이 호웊 더 **퓨:**춰r 이즈 **피:**쓰플.
☐ 018	스삐:크	· 아이 웨이틴 퍼r 허r 투 스삐:크.
☐ 019	노이즈	· 더 머**쉰:** 메이드 어 라우드 노이즈.
☐ 020	**아:**스추리취	· 디 **야:**스추리취 이즈 더 라r쥐스트 버r드 인 더 워r을드
☐ 021	취킨	· 아이 띵크 **취**킨 이즈 **테**이스티.
☐ 022	**애**니멀	· 모우스트 **피:**쁠 라익 큐욷 **애**니멀즈.
☐ 023	**디**너r	· 위 에잍 **디**너r 투게더r.
☐ 024	**바:**디	· 추레인 유어r **바:**디 앤(드) 마인드.
☐ 025	스낀	· 유어r 스낀 이즈 **베**리 쏘:프트.
☐ 026	텔	· 캔 유 텔 미 디 **앤**써r?
☐ 027	굳	· 쉬 이즈 어 굳 **퍼:**r쓴.
☐ 028	어**메**리카	· 히 이즈 프럼 어**메**리카.
☐ 029	웨어r	· 웨어r 아r 위 고잉 나우?
☐ 030	**데**저r트	· 더 **데**저r트 이즈 **베**리 핥:.

번호	단어의미	문장의미
□ 016	막대기	· 농부가 막대기를 움켜잡았다.
□ 017	미래	· 나는 미래가 평화롭기를 바란다.
□ 018	말하다	· 나는 그녀가 말하는 것을 기다렸다.
□ 019	소음	· 그 기계는 큰 소음을 냈다.
□ 020	타조	· 타조는 세계에서 가장 큰 새이다.
□ 021	닭	· 나는 통닭이 맛있다고 생각한다.
□ 022	동물	· 대부분의 사람들은 귀여운 동물을 좋아한다.
□ 023	저녁	· 우리는 함께 저녁을 먹었다.
□ 024	몸	· 너의 몸과 마음을 단련해라.
□ 025	피부	· 너의 피부는 매우 부드럽다.
□ 026	말하다	· 당신은 나에게 답을 말해줄 수 있나요?
□ 027	좋은	· 그녀는 좋은 사람이다.
□ 028	미국	· 그는 미국에서 왔다.
□ 029	어디	· 우리는 지금 어디로 가고 있나요?
□ 030	사막	· 사막은 매우 뜨겁다.

번 호	단어발음	문장발음
☐ 031	**쏘:리**	· 히 쎋 히 워즈 **리:**얼리 **쏘:리**.
☐ 032	**싸**이언쓰	· 아이 앰 고잉 투 **싸**이언쓰 클래쓰.
☐ 033	**쪤**틀	· 쉬 워즈 **베리 쪤**틀 위드 더 키즈.
☐ 034	**에**인쥘	· 데이 쎋 데이 쏘: 언 **에**인쥘.
☐ 035	**췐**쓰	· 아이 미쓰트 마이 라:스트 **췐쓰**.
☐ 036	**블랙보**:r드	· 더 **티:**춰r 로웉 온 더 **블랙보:**r드.
☐ 037	**룩**	· 룩 앹 더 **메**뉴: 비**포:**r 유 **오:**r더r.
☐ 038	**워:**러r	· 더 달:핀 쥠트 인투 더 **워:**러r.
☐ 039	**윈**도우	· 아이 쏘: 더 **썬**라이즈 쓰루: 더 **윈**도우.
☐ 040	**레**이크	· 더 레이크 워즈 어 딮: 블루 **컬**러r.
☐ 041	**블라**인드	· 더 독: 이즈 헬삥 더 블라인드 맨.
☐ 042	**리**멤버r	· 캔 유 **리**멤버r 월 **해**쁜드?
☐ 043	**스추맅:**	· 데이 웤:트 다운 더 스추맅:.
☐ 044	**해**쁜	· 웬 딛 디 **액**씨던트 **해**쁜?
☐ 045	**월**	· 월 아r 유 두잉 나우?

번호	단어의미	문장의미
☐ 031	**미안한**	· 그는 정말 미안하다고 말했다.
☐ 032	과학	· 나는 과학 수업에 가는 중이다.
☐ 033	**다정한**	· 그녀는 아이들에게 매우 다정했다.
☐ 034	천사	· 그들은 천사를 보았다고 말했다.
☐ 035	**기회**	· 나는 마지막 기회를 놓쳤다.
☐ 036	칠판	· 선생님은 칠판에 글을 썼다.
☐ 037	**보다**	· 주문하기 전에 메뉴를 봐라.
☐ 038	물	· 돌고래는 물속으로 뛰어들었다.
☐ 039	**창문**	· 나는 창문으로 일출을 보았다.
☐ 040	호수	· 그 호수는 짙은 파란색이었다.
☐ 041	**눈이 먼**	· 그 개는 눈이 먼 사람을 도와주고 있다.
☐ 042	기억하다	· 당신은 무엇이 발생했는지 기억할 수 있나요?
☐ 043	**거리**	· 그들은 거리를 걸어갔다.
☐ 044	발생하다	· 그 사고는 언제 발생했나요?
☐ 045	**무엇**	· 당신은 지금 무엇을 하고 있나요?

04 일차

046 - 060

번 호	단어발음	문장발음
☐ 046	하:r드	· 더 브레드 이즈 투: 하:r(드) 투 이:트.
☐ 047	픽춰r	· 플리:즈 테익 어 픽춰r 어브 어쓰.
☐ 048	딮:	· 더 리버r 워즈 투: 딮: 투 스윔.
☐ 049	페어r	· 아이 게이브 힘 어 페어r 췐쓰.
☐ 050	나우	· 아이 닏: 투 리:브 라잍 나우.
☐ 051	쓰뻬셜	· 아이 해브 어 쓰뻬셜 기프트 퍼r 유.
☐ 052	엄브렐라	· 이츠 레이닝. 테익 유어r 엄브렐라.
☐ 053	인추레스팅	· 싸이언쓰 클래쓰 이즈 베리 인추레스팅.
☐ 054	댄쓰	· 레츠 댄쓰 투 디쓰 뮤:직.
☐ 055	레이디	· 댇 레이디 워즈 베리 나이쓰 투 미.
☐ 056	쓰루:	· 더 추레인 웬(트) 쓰루: 더 터늘.
☐ 057	플라이	· 데이 와:취(트) 더 플레인 플라이 어웨이.
☐ 058	크위끌리	· 데이 크위끌리 랜 호움.
☐ 059	리:즌	· 데어r즈 노우 리:즌 투 필: 쌔드.
☐ 060	워먼	· 더 워먼 스뚜드 엎 써든리.

번호	단어의미	문장의미
□ 046	단단한	· 그 빵은 너무 단단해서 먹을 수 없다.
□ 047	사진	· 우리 사진 좀 찍어주세요.
□ 048	깊은	· 그 강은 수영하기에는 너무 깊었다.
□ 049	공평한	· 나는 그에게 공평한 기회를 주었다.
□ 050	지금	· 난 지금 당장 떠날 필요가 있다.
□ 051	특별한	· 나는 너에게 줄 특별한 선물이 있다.
□ 052	우산	· 비가 오고 있다. 우산을 가져가라.
□ 053	흥미로운	· 과학 수업은 매우 흥미롭다.
□ 054	춤추다	· 이 음악에 맞춰 춤을 추자.
□ 055	숙녀	· 그 숙녀는 나에게 매우 친절했다.
□ 056	~을 통하여	· 기차는 터널을 통해서 갔다.
□ 057	날다	· 그들은 비행기가 날아가는 것을 봤다.
□ 058	빨리	· 그들은 빨리 집으로 달려갔다.
□ 059	이유	· 슬프게 느낄 이유가 없다.
□ 060	여자	· 여자가 갑자기 일어섰다.

05 일차

061 - 075

번 호	단어발음	문장발음
☐ 061	**베**리	· 더 **주:**월리 워즈 **베**리 익**쓰**뻰**씨**브.
☐ 062	**추러**블	· 히 핸 **추러**블 위드 히즈 카:r.
☐ 063	**슈거**r	· 디:즈 **쿠**키즈 니:드 모어r **슈**거r.
☐ 064	브리쥐	· 쉬 주**로**우브 허r 카:r **오**우브r 더 브리쥐.
☐ 065	**빌리:**브	· 아이 **빌리:**브 쉬 이즈 텔링 더 추로쓰.
☐ 066	펠	· 월 카인드 오브 펠 우 쥬 라익 투 해브?
☐ 067	**뮤지**션	· 더 **뮤지**션 플레이드 어 쏭: **퍼**r 허r.
☐ 068	**벹**은	· 더 **벹**은 케임 오:프 **써**든리.
☐ 069	**케**틀	· 풀 더 **케**틀 온 더 스토우브.
☐ 070	하우	· 하우 디 쥬 메일 댙?
☐ 071	**매거**진:	· 쉬 워즈 **리:**딩 어 **매거**진:.
☐ 072	퍼**테이도우**	· 쉬 메잍 미 퍼**테이도우** **쌜**러드.
☐ 073	쉐이크	· 도운(트) 쉐잌 더 **쏘**우다 투: 머춰.
☐ 074	호울	· 디쓰 백 해즈 어 빅 호울.
☐ 075	어**클락:**	· 잍 워즈 **올:**레디 쓰리 어**클락:**.

번 호	단어의미	문장의미
☐ 061	매우	· 그 보석들은 매우 비쌌다.
☐ 062	문제	· 그는 차에 문제가 있었다.
☐ 063	설탕	· 이 쿠키들은 설탕이 더 필요하다.
☐ 064	다리	· 그녀는 다리 위로 차를 운전했다.
☐ 065	믿다	· 나는 그녀가 진실을 말하고 있다고 믿는다.
☐ 066	애완동물	· 당신은 어떤 종류의 애완동물을 원하시나요?
☐ 067	음악가	· 음악가가 그녀를 위해 노래를 연주했다.
☐ 068	단추	· 단추가 갑자기 떨어졌다.
☐ 069	주전자	· 주전자를 난로 위에 올려라.
☐ 070	어떻게	· 당신은 그것을 어떻게 만들었나요?
☐ 071	잡지	· 그녀는 잡지를 읽고 있었다.
☐ 072	감자	· 그녀는 나에게 감자 샐러드를 만들어 줬다.
☐ 073	흔들다	· 탄산음료를 너무 많이 흔들지 마라.
☐ 074	구멍	· 이 가방에는 큰 구멍이 있다.
☐ 075	~ 시	· 벌써 3시였다.

076 - 090

번 호	단어발음	문장발음
□ 076	로우드	• 히 주로우브 다운 더 로우드 패스트.
□ 077	이프	• 아이 윌 고우 투 유어r 파:r디, 이프 아이 캔.
□ 078	피크닉	• 위 아r 고잉 온 어 피크닉 투마:로우.
□ 079	주립:	• 아이 핻 어 밷 주립: 래스(트) 나잍.
□ 080	쇼어r	• 썸 피쁠 월:트 얼롱: 더 쇼어r.
□ 081	투어리스트	• 아이 멛 어 투어리스트 프럼 오:스추레일리아.
□ 082	히어r	• 플리:즈 텔 힘 아이 앰 히어r.
□ 083	킨더r가:r든	• 마이 썬 이즈 인 킨더r가:r든 나우.
□ 084	원:트	• 아이 도운(트) 원:트 유어r 헬프.
□ 085	레디	• 아임 낱 레디 투 리:브 옡.
□ 086	올:모우스트	• 아임 올:모우스(트) 던 위드 마이 호움워:r크.
□ 087	원쓰	• 아이 맽: 힘 온리 원쓰 어 이어r.
□ 088	윈디	• 잍 이즈 코울드 앤(드) 윈디 아웉싸이드.
□ 089	슬리:피	• 아이 펠(트) 슬리:피 쏘우 아이 툭 어 냎.
□ 090	촤일드	• 더 촤일드 애슥트 퍼r 썸 캔디.

번 호	단어의미	문장의미
☐ 076	**도로**	· 그는 도로를 빠르게 운전했다.
☐ 077	만약 ~ 라면	· 내가 갈 수 있으면, 네 파티에 갈 것이다.
☐ 078	**소풍**	· 우리는 내일 소풍을 갈 것이다.
☐ 079	꿈	· 나는 지난밤에 안 좋은 꿈을 꾸었다.
☐ 080	**해안가**	· 몇몇 사람들이 해안가를 따라 걸었다.
☐ 081	여행객	· 나는 호주에서 온 여행객을 만났다.
☐ 082	**여기에**	· 그에게 내가 여기에 있다고 말해줘.
☐ 083	유치원	· 제 아들은 지금 유치원에 있어요.
☐ 084	**원하다**	· 나는 너의 도움을 원하지 않는다.
☐ 085	준비된	· 나는 아직 떠날 준비가 안 됐다.
☐ 086	**거의**	· 나는 숙제를 거의 다 했다.
☐ 087	한 번	· 나는 그를 일 년에 한 번만 만난다.
☐ 088	**바람이 부는**	· 밖은 춥고 바람이 분다.
☐ 089	졸린	· 나는 졸려서 낮잠을 잤다.
☐ 090	**어린이**	· 어린이가 사탕 좀 달라고 했다.

번호	힌 트	번호	힌 트
☐ 001	턴 라잍 앺	☐ 016	더 **파**:r머r 그랲(드)
☐ 002	위취 푸:드 이즈	☐ 017	아이 호웊 더 **퓨**:춰r
☐ 003	아이 **파**이늘리 쏠브(드)	☐ 018	아이 웨이틴 퍼r
☐ 004	더 스튜든츠 아r	☐ 019	더 머**쉰**: 메이드
☐ 005	아이 윌 페이	☐ 020	디 **아**:스추리취 이즈
☐ 006	유 캔 씨: **지**:브라즈	☐ 021	아이 띵크 **취**킨
☐ 007	버:r즈 플루 싸우쓰	☐ 022	모우스트 **피**:쁠
☐ 008	디쓰 이즈 어 **베리**	☐ 023	위 에잍 **디**너r
☐ 009	히 이즈 마이	☐ 024	추레인 유어r **바**:디
☐ 010	아이 **파**운드 어 코인	☐ 025	유어r 스낀 이즈
☐ 011	히 패쓰(트)	☐ 026	캔 유 텔 미
☐ 012	캔 위 와:취	☐ 027	쉬 이즈 어
☐ 013	**매쥘** 이즈 히즈	☐ 028	히 이즈 프럼
☐ 014	더 팔:쓰 춰트	☐ 029	웨어r 아r 위
☐ 015	아이 센트 힘	☐ 030	더 **데**저r트 이즈

번호	힌 트	번호	힌 트
☐ 031	히 쎌 히 워즈	☐ 046	더 브레드 이즈
☐ 032	아이 앰 고잉	☐ 047	플리:즈 테일 어
☐ 033	쉬 워즈 **베**리 **젠**틀	☐ 048	더 **리버**r 워즈 투:
☐ 034	데이 쎌 데이 쏘:	☐ 049	아이 게이브 힘
☐ 035	아이 미쓰트 마이	☐ 050	아이 닏: 투 리:브
☐ 036	더 **티:**춰r 로울	☐ 051	아이 해브 어 **쓰**뻬셜
☐ 037	룩 앹 더 **메**뉴:	☐ 052	이츠 레이닝.
☐ 038	더 달:핀 점트	☐ 053	**싸**이언쓰 클래쓰 이즈
☐ 039	아이 쏘: 더 **썬**라이즈	☐ 054	레츠 댄쓰 투
☐ 040	더 레이크 워즈	☐ 055	댙 **레**이디 워즈 **베**리
☐ 041	더 독: 이즈 헬삥	☐ 056	더 추레인 웬(트)
☐ 042	캔 유 리**멤**버r	☐ 057	데이 와:취(트) 더 플레인
☐ 043	데이 월:트 다운	☐ 058	데이 **크**위끌리 랜
☐ 044	웬 딛 디 **액**씨던트	☐ 059	데어r즈 노우 **리:**즌
☐ 045	윁 아r 유	☐ 060	더 **워**먼 스뚜드

05~06 일차

리뷰

번호	힌 트	번호	힌 트
□ 061	더 **주**:윌리 워즈	□ 076	히 주<u>로</u>우브 다운
□ 062	히 핸 **추**러블 위드	□ 077	아이 윌 고우 투
□ 063	디:즈 **쿠**키즈 니:드	□ 078	위 아r 고잉 온
□ 064	쉬 주로우브 허r 카:r	□ 079	아이 핸 어 밴 주<u>림</u>:
□ 065	아이 빌**리**:<u>브</u> 쉬 이즈	□ 080	썸 **피**쁠 월:트
□ 066	윌 카인드 오<u>브</u> 펠	□ 081	아이 멭 어 **투**어<u>리</u>스트
□ 067	더 뮤**지**션 플레이드	□ 082	플리:즈 텔 힘
□ 068	더 **벝**은 케임 오:<u>프</u>	□ 083	마이 썬 이즈
□ 069	풀 더 **케**틀 온	□ 084	아이 도운(트) 원:트
□ 070	하우 디 쥬	□ 085	아임 낱 **레**디
□ 071	쉬 워즈 **리**:딩	□ 086	아임 올:모우스(트) 던
□ 072	쉬 메일 미	□ 087	아이 밑: 힘 온리
□ 073	도운(트) 쉐잌 더 **쏘**우다	□ 088	잍 이즈 코울드
□ 074	디쓰 백 해즈	□ 089	아이 펠(트) **슬**리:피
□ 075	잍 워즈 **올**:레디	□ 090	더 촤일드 애슽

01~02 리뷰 일차

03~04

리뷰
일차

번호	힌 트	번호	힌 트
□ 031	그는 정말 미안하다고	□ 046	그 빵은 너무 단단해서
□ 032	나는 과학 수업에	□ 047	우리 사진 좀
□ 033	그녀는 아이들에게	□ 048	그 강은 수영하기에는
□ 034	그들은 천사를	□ 049	나는 그에게 공평한
□ 035	나는 마지막	□ 050	난 지금 당장 떠날
□ 036	선생님은 칠판에	□ 051	나는 너에게 줄
□ 037	주문하기 전에	□ 052	비가 오고 있다.
□ 038	돌고래는 물속으로	□ 053	과학 수업은 매우
□ 039	나는 창문으로	□ 054	이 음악에 맞춰
□ 040	그 호수는 짙은	□ 055	그 숙녀는 나에게
□ 041	그 개는 눈이 먼 사람을	□ 056	기차는 터널을
□ 042	당신은 무엇이	□ 057	그들은 비행기가
□ 043	그들은 거리를	□ 058	그들은 빨리
□ 044	그 사고는 언제	□ 059	슬프게 느낄
□ 045	당신은 지금 무엇을	□ 060	여자가 갑자기

05~06 ^{리뷰} 일차

번호	힌트	번호	힌트
☐ 061	그 보석들은	☐ 076	그는 도로를
☐ 062	그는 차에 문제가	☐ 077	내가 갈 수 있으면,
☐ 063	이 쿠키들은 설탕이	☐ 078	우리는 내일
☐ 064	그녀는 다리 위로	☐ 079	나는 지난밤에
☐ 065	나는 그녀가 진실을	☐ 080	몇몇 사람들이
☐ 066	당신은 어떤 종류의	☐ 081	나는 호주에서 온
☐ 067	음악가가 그녀를 위해	☐ 082	그에게 내가 여기에
☐ 068	단추가 갑자기	☐ 083	제 아들은 지금
☐ 069	주전자를 난로 위에	☐ 084	나는 너의 도움을
☐ 070	당신은 그것을 어떻게	☐ 085	나는 아직 떠날
☐ 071	그녀는 잡지를	☐ 086	나는 숙제를 거의
☐ 072	그녀는 나에게 감자	☐ 087	나는 그를 일 년에
☐ 073	탄산음료를 너무 많이	☐ 088	밖은 춥고
☐ 074	이 가방에는	☐ 089	나는 졸려서
☐ 075	벌써	☐ 090	어린이가 사탕 좀

여러분을 응원합니다 !

한글영어학습에 대해서 궁금한 점이 있다면
한글영어 공식카페로 질문해주세요.

한글영어 공식카페

🔍 https://cafe.naver.com/korchinese

모든 질문에 성심껏
답변을 드리도록 하겠습니다.

"한글발음을 읽을 때,
영어소리를 온몸으로 느낀다고 생각하며 읽는다"

ㅍ, ㄹ, ㅂ 는 각각 f, r, v 발음 표시
진한 발음은 강세 표시!

07 ^{일차}

091 - 105

번호	단어발음	문장발음
☐ 091	풀	· 더 컵 워즈 풀 어브 **와:**러r.
☐ 092	라이프	· 히 로:스트 히즈 라이프 인 어 카:r 액씨던트.
☐ 093	**올:**레디	· 아이 앰 **올:**레디 레잍 퍼r 워:r크.
☐ 094	**호**움워:r크	· 아이 해브 투 **피**니쉬 마이 **호**움워:r크.
☐ 095	쎌	· 더즈 댙 스또어r 쎌 브레드?
☐ 096	**액**터r	· 마이 **페**이버맅 **액**터r 이즈 인 댙 **무:**비.
☐ 097	버블	· 더 **베**이비 팦:트 더 **버**블.
☐ 098	타운	· 더 타운 헬드 어 **페**스티벌 래스트 이어r.
☐ 099	**아:**r트	· 위 해브 언 **아:**r트 클래쓰 투**데**이.
☐ 100	**캔**들	· 쉬 맅 **캔**들즈 퍼r 더 **파:**r디.
☐ 101	**파**인드	· 아이 쿠른(트) **파**인드 마이 키: **애**니웨어r.
☐ 102	버(스) 스땊:	· 웨어r 이즈 더 버(스) 스땊:?
☐ 103	**패**스포:r트	· 플리:즈 쑈우 미 유어r **패**스포:r트.
☐ 104	덕	· 히 쏘: 어 덕 앹 더 판:드.
☐ 105	**이:**스트	· 더 썬 라이지즈 인 디 **이:**스트.

번 호	단어의미	문장의미
□ 091	가득 찬	· 컵에는 물이 가득 차 있었다.
□ 092	생명	· 그는 자동차 사고로 생명을 잃었다.
□ 093	이미	· 나는 이미 직장에 늦었다.
□ 094	숙제	· 나는 숙제를 끝내야 한다.
□ 095	팔다	· 저 가게는 빵을 팔고 있나요?
□ 096	배우	· 내가 좋아하는 배우가 그 영화에 나온다.
□ 097	거품	· 아기가 거품을 터뜨렸다.
□ 098	마을	· 그 마을은 작년에 축제를 개최했다.
□ 099	미술	· 우리는 오늘 미술 수업이 있다.
□ 100	양초	· 그녀는 파티를 위해 양초에 불을 붙였다.
□ 101	발견하다	· 나는 어디에서도 열쇠를 발견할 수 없었다.
□ 102	버스정류장	· 버스정류장이 어디 있나요?
□ 103	여권	· 당신의 여권을 보여주세요.
□ 104	오리	· 그는 연못에서 오리 한 마리를 보았다.
□ 105	동쪽	· 해는 동쪽에서 뜬다.

08 일차

106 - 120

번호	단어발음	문장발음
☐ 106	**위쉬**	• 아이 위쉬 유 어 **해피** 뉴: 이어r.
☐ 107	**주랍:**	• 추라이 낱 투 주랍: 더 글래쓰 **바:**를.
☐ 108	**피:쓰**	• 아이 에잍 어 피:쓰 어브 파이 **예**스터r데이.
☐ 109	**매쓰**	• 쉬 **리:**얼리 라익쓰 **매쓰** 클래쓰.
☐ 110	**베드**	• 히 슬렢뜨 인 히즈 뉴: 베드.
☐ 111	**팩**터리	• 댙 이즈 어 카:r **팩**터리.
☐ 112	**어덜트**	• 아이 앰 언 **어덜**트, 낱 어 촤일드.
☐ 113	**어너더**r	• 아이 애슥트 퍼r **어너더**r 피:쓰 어브 파이.
☐ 114	**보이**	• 댙 보이 워즈 **베**리 카인드.
☐ 115	**웰**	• 아이 워즈 올: 웰 비커즈 어브 더 레인.
☐ 116	**쎄임**	• 데이 아r 인 더 쎄임 클래쓰.
☐ 117	**다이브**	• 쉬 다이브드 딮: 인투 더 **와:**러r.
☐ 118	**어드바**이쓰	• 아이 애슥트 힘 퍼r 어드**바**이쓰.
☐ 119	**레**인보우	• 아이 쏘: 어 **레**인보우 인 더 스까이.
☐ 120	**추라**이	• 아이 윌 추라이 하:r더r 넥스(트) 타임.

번 호	단어의미	문장의미
□ 106	바라다	· 행복한 새해가 되기를 바랍니다.
□ 107	떨어뜨리다	· 유리병을 떨어뜨리지 않도록 해라.
□ 108	조각	· 나는 어제 파이 한 조각을 먹었다.
□ 109	수학	· 그녀는 수학 수업을 정말 좋아한다.
□ 110	침대	· 그는 새 침대에서 잤다.
□ 111	공장	· 그것은 자동차 공장이다.
□ 112	성인	· 나는 어린이가 아니라 성인이다.
□ 113	또 하나의	· 나는 또 하나의 파이 조각을 달라고 했다.
□ 114	소년	· 그 소년은 매우 친절했다.
□ 115	젖은	· 나는 비 때문에 흠뻑 젖었다.
□ 116	같은	· 그들은 같은 반에 있다.
□ 117	잠수하다	· 그녀는 물속으로 깊이 잠수했다.
□ 118	충고	· 나는 그에게 충고를 구했다.
□ 119	무지개	· 나는 하늘에 뜬 무지개를 봤다.
□ 120	노력하다	· 나는 다음에 더 열심히 노력할 것이다.

번 호	단어발음	문장발음
☐ 121	**글러브**	· 더 글러브 워즈 투: 스몰: 퍼r 허r.
☐ 122	플래그	· 데이 웨이브드 더 코리:언 플래그.
☐ 123	애스크	· 캔 아이 애스크 유 썸 **크**웨스쳔즈?
☐ 124	폴:	· 비 **케**어r플 낱 투 폴: 인투 더 **리버**r.
☐ 125	링	· 아이 게이브r 허 어 **다**이어먼드 링.
☐ 126	**페퍼**r	· 애드 어 리를 쏠:트 앤드 **페퍼**r.
☐ 127	**페어런츠**	· 마이 **페어런츠** 리브 데어r 투:.
☐ 128	스따:r트	· 아이 스따:r트 워:r크 앹 나인 어클락: **에브리** 데이.
☐ 129	**포:런**	· 메니 **포:런** **투**어리스츠 비짙 **코리**:아.
☐ 130	루:즈	· 아이 도운(트) 원:(트) 투 루:즈 더 **레**이쓰.
☐ 131	**쎄컨드**	· 히 케임 인 **쎄컨드** 인 더 **레**이쓰.
☐ 132	딜**리**셔쓰	· 디쓰 **밀**:자 이즈 **베리** 딜**리**셔쓰.
☐ 133	걸:	· 댙 걸: 이즈 톨:러r 댄 미.
☐ 134	매드	· 히 이즈 매드 어바웉 오울드 **무**:비즈.
☐ 135	**에이블**	· 아이 워즈 **에이블** 투 피니쉬 마이 **호움워**:r크.

번호	단어의미	문장의미
☐ 121	장갑	· 그 장갑은 그녀에게 너무 작았다.
☐ 122	깃발	· 그들은 태극기를 흔들었다.
☐ 123	묻다	· 제가 몇 가지 문제를 물어봐도 될까요?
☐ 124	넘어지다	· 강물에 넘어지지 않도록 조심해라.
☐ 125	반지	· 나는 그녀에게 다이아몬드 반지를 주었다.
☐ 126	후추	· 소금과 후추를 조금 넣어라.
☐ 127	부모님	· 우리 부모님도 거기에 사신다.
☐ 128	시작하다	· 나는 매일 9시 정각에 일을 시작한다.
☐ 129	외국의	· 많은 외국인 관광객들이 한국을 방문한다.
☐ 130	지다	· 나는 경주에서 지고 싶지 않다.
☐ 131	두 번째	· 그는 경주에서 두 번째로 들어왔다.
☐ 132	맛있는	· 이 피자는 매우 맛있다.
☐ 133	소녀	· 저 소녀는 나보다 키가 크다.
☐ 134	미친	· 그는 오래된 영화에 미쳐있다.
☐ 135	할 수 있는	· 나는 숙제를 끝낼 수 있었다.

10 일차

136 - 150

번 호	단어발음	문장발음
☐ 136	레츠	· 레츠 고우 투 더 스또어r 라잍 나우.
☐ 137	오:어r	· 위 밑: 파이브 오:어r 씩쓰 타임즈 어 이어r.
☐ 138	풀	· 더 슈:즈 디른(트) 핕 마이 **핕:**
☐ 139	**오우쁜**	· 플리:즈 **오우쁜** 더 도어r 퍼r 어 **모우멘트.**
☐ 140	락	· 더 락 워즈 투: **헤비** 투 무:브.
☐ 141	**뉴:스페이뻐r**	· 아이 렏 더 **뉴:**스페이뻐r 인 더 **모:**r닝.
☐ 142	**쓰로우**	· 도운(트) 쓰로우 더 볼: 앹 허r.
☐ 143	피그	· 더 피그 이즈 더 패티스트 인 더 케이쥐.
☐ 144	**프레즌트**	· 아이 같 어 **버:**r쓰데이 **프**레즌트.
☐ 145	**베이커리**	· 히 볼: 브레드 프럼 더 **베이커리.**
☐ 146	**포:레스트**	· 더 **포:**레스트 워즈 **쿠**와이얼 앤(드) 다:r크.
☐ 147	보이쓰	· 히즈 보이쓰 워즈 **베**리 딮:.
☐ 148	**투:쓰브러쉬**	· 아이 브러쉬 마이 티:쓰 위드 어 **투:**쓰브러쉬.
☐ 149	에그	· 아이 쿸뜨 언 에그 인 어 프라잉 팬.
☐ 150	**퍼니**	· 허r 조우크 워즈 **베**리 **퍼**니 투 미.

번 호	단어의미	문장의미
□ 136	~ 하자	· 지금 당장 가게에 가자.
□ 137	또는	· 우리는 일 년에 다섯 또는 여섯 번 만난다.
□ 138	발	· 신발이 내 발에 맞지 않았다.
□ 139	열다	· 잠시 문을 열어주세요.
□ 140	바위	· 그 바위는 옮기기에는 너무 무거웠다.
□ 141	신문	· 나는 아침에 신문을 읽었다.
□ 142	던지다	· 그녀에게 공을 던지지 마라.
□ 143	돼지	· 그 돼지는 우리에서 가장 뚱뚱하다.
□ 144	선물	· 나는 생일 선물을 받았다.
□ 145	빵집	· 그는 빵집에서 빵을 샀다.
□ 146	숲	· 숲은 조용하고 어두웠다.
□ 147	목소리	· 그의 목소리는 매우 낮았다.
□ 148	칫솔	· 나는 칫솔로 이를 닦는다.
□ 149	달걀	· 나는 프라이팬에서 달걀을 요리했다.
□ 150	재미있는	· 그녀의 농담은 나에게 매우 재미있었다.

11 일차

151 - 165

번 호	단어발음	문장발음
□ 151	**씨:즌**	· **윈**터r 이즈 마이 **페**이버릴 **씨:**즌.
□ 152	**파:**r머r	· 더 **파:**r머r 플랜팉 콘: 인 더 **필:**드.
□ 153	뱅크	· 히 웤:r쓰 앹 어 뱅크.
□ 154	해프	· 히 에잍 해프 어브 더 케잌 바이 힘쎌프.
□ 155	쉬:	· 더 쉬: 아r **노**이지 투**데**이.
□ 156	브라잍	· 더 썬 이즈 **베**리 브라잍.
□ 157	파:r크	· 레츠 테잌 어 워:크 인 더 파:r크.
□ 158	기프트	· 아이 게이브r 허 어 **버:**r쓰데이 기프트.
□ 159	**캐**비쥐	· **캐**비쥐 이즈 어 **헬**띠 **베**쥐터블.
□ 160	갇:	· **또**어r 이즈 더 갇: 어브 **떤**더r.
□ 161	빅	· 디스 이즈 어 빅 하우쓰.
□ 162	**그**로우써리 스또어r	· 아이 봍: 프룯 앹 더 **그**로우써리 스또어r.
□ 163	**어겐**	· 캔 유 쎄이 댙 **어겐**, 플리:즈?
□ 164	뱉	· 더 뱉 플루 인투 더 **포:**레스트.
□ 165	블랙	· 히 붇: 썸 블랙 팬츠.

번 호	단어의미	문장의미
☐ 151	**계절**	· 겨울은 내가 가장 좋아하는 계절이다.
☐ 152	농부	· 농부는 밭에 옥수수를 심었다.
☐ 153	**은행**	· 그 사람은 은행에서 일한다.
☐ 154	절반	· 그는 혼자서 케이크의 절반을 먹었다.
☐ 155	**양**	· 오늘은 양들이 시끄럽다.
☐ 156	빛나는	· 태양이 매우 빛난다.
☐ 157	**공원**	· 공원에서 산책하자.
☐ 158	선물	· 나는 그녀에게 생일 선물을 주었다.
☐ 159	**양배추**	· 양배추는 건강에 좋은 채소이다.
☐ 160	신	· 토르는 천둥의 신이다.
☐ 161	**큰**	· 이것은 큰 집이다.
☐ 162	식료품점	· 나는 식료품점에서 과일을 샀다.
☐ 163	**다시**	· 다시 한번 말씀해주시겠어요?
☐ 164	박쥐	· 박쥐는 숲으로 날아갔다.
☐ 165	**검은색의**	· 그는 검은색 바지를 좀 샀다.

번 호	단어발음	문장발음
☐ 166	**위:크**	· 히 워즈 투: 위:크 투 리프(트) 더 박:쓰.
☐ 167	**레**인코울	· 리멤버r 투 브링 유어r **레**인코울.
☐ 168	**로**우즈	· 더 핑크 **로**우즈 이즈 **베리 뷰:**리플.
☐ 169	**비**지	· 아이 핸 어 **비**지 데이 투데이.
☐ 170	**키**드	· **이:**븐 키즈 캔 언더r**스**땐(드) 디쓰.
☐ 171	**커버**r	· **커버**r 유어r 마우쓰 웬 유 코:프.
☐ 172	**터:**r들	· 더 **터:**r들 월:트 베리 **슬**로울리.
☐ 173	스떼이	· 위 윌 스떼이 호움 투나잍.
☐ 174	**배**스킽볼:	· 레츠 플레이 **배**스킽볼: 인 디 애프터r**눈:**.
☐ 175	붘	· 디쓰 붘 이즈 **디피**컬(트) 투 **리:**드.
☐ 176	겥	· 디 쥬 겥 마이 **패**키쥐?
☐ 177	그래쓰	· 더 그라운드 워즈 **커버**r드 위드 그래쓰.
☐ 178	그레**일**	· 댙 워즈 써춰 어 그레**일** **무:**비.
☐ 179	윙	· 더 버:r드 워즈 플래핑 이츠 윙즈.
☐ 180	슬로우	· 더 **터:**r들 워즈 **베리** 슬로우.

번호	단어의미	문장의미
☐ 166	**약한**	· 그는 너무 약해서 상자를 들 수가 없었다.
☐ 167	비옷	· 비옷을 가져오는 것을 기억해라.
☐ 168	**장미**	· 분홍색 장미는 매우 아름답다.
☐ 169	바쁜	· 오늘은 바쁜 하루였다.
☐ 170	**아이**	· 심지어 아이도 이것을 이해할 수 있다.
☐ 171	가리다	· 기침할 때는 입을 가려라.
☐ 172	**거북이**	· 거북이는 매우 느리게 걸었다.
☐ 173	머무르다	· 우리는 오늘 밤 집에 머무를 것이다.
☐ 174	**농구**	· 오후에 농구를 하자.
☐ 175	책	· 이 책은 읽기에 어렵다.
☐ 176	**받다**	· 당신은 내 소포 받으셨나요?
☐ 177	풀	· 그 땅은 풀로 덮여 있었다.
☐ 178	**대단한**	· 그것은 정말 대단한 영화였다.
☐ 179	날개	· 그 새는 날개를 퍼덕거리고 있었다.
☐ 180	**느린**	· 그 거북이는 매우 느렸다.

번호	힌트	번호	힌트
☐ 091	더 컵 워즈 풀	☐ 106	아이 위쉬 유
☐ 092	히 로:스트 히즈 라이프	☐ 107	추라이 낱 투 주랖:
☐ 093	아이 앰 올:레디	☐ 108	아이 에잍 어 피:쓰
☐ 094	아이 해브 투 피니쉬	☐ 109	쉬 리:얼리 라잌쓰
☐ 095	더즈 댙 스또어r	☐ 110	히 슬렢뜨 인 히즈
☐ 096	마이 페이버맅 액터r	☐ 111	댙 이즈 어
☐ 097	더 베이비 팥:트	☐ 112	아이 앰 언 어덜트,
☐ 098	더 타운 헬드 어	☐ 113	아이 애슼트 퍼r
☐ 099	위 해브 언 아:r트	☐ 114	댙 보이 워즈
☐ 100	쉬 맅 캔들즈	☐ 115	아이 워즈 올: 웰
☐ 101	아이 쿠른(트) 파인드	☐ 116	데이 아r 인 더
☐ 102	웨어r 이즈 더	☐ 117	쉬 다이브드 딮:
☐ 103	플리:즈 쑈우 미	☐ 118	아이 애슼트 힘
☐ 104	히 쏘: 어 덕	☐ 119	아이 쏘: 어
☐ 105	더 썬 라이지즈	☐ 120	아이 윌 추라이

번호	힌 트	번호	힌 트
□ 121	더 글러브 워즈	□ 136	레츠 고우 투 더
□ 122	데이 웨이브드	□ 137	위 밑: 파이브 오:어r
□ 123	캔 아이 애스크 유	□ 138	더 슈:즈 디른(트) 핕
□ 124	비 **케**어r플 낱 투 폴:	□ 139	플리:즈 **오**우쁜 더 도어r
□ 125	아이 게이브r 허	□ 140	더 락 워즈 투:
□ 126	애드 어 리를 쏠:트	□ 141	아이 렌 더 **뉴:**스페이뻐r
□ 127	마이 **페**어런츠 리브	□ 142	도운(트) 쓰로우
□ 128	아이 스따:r트 워:r크	□ 143	더 피그 이즈 더
□ 129	메니 **포:**런 **투**어리스츠	□ 144	아이 같 어
□ 130	아이 도운(트) 원:(트) 투	□ 145	히 뱉: 브레드
□ 131	히 케임 인 **쎄**컨드	□ 146	더 **포:**레스트 워즈
□ 132	디쓰 **핕:**자 이즈	□ 147	히즈 보이쓰 워즈
□ 133	댙 걸: 이즈 톨:러r	□ 148	아이 브러쉬 마이 티:쓰
□ 134	히 이즈 매드 어바웉	□ 149	아이 쿡뜨 언 에그
□ 135	아이 워즈 **에**이블 투	□ 150	허r 조우크 워즈

번호	힌트	번호	힌트
□ 151	**윈**터r 이즈 마이	□ 166	히 워즈 투: 위:크
□ 152	더 **파**:r머r 플랜틸 콘:	□ 167	리**멤**버r 투 브링
□ 153	히 월:r쓰 앨	□ 168	더 핑크 로우즈
□ 154	히 에일 해프	□ 169	아이 핸 어 **비**지
□ 155	더 쉴: 아r **노**이지	□ 170	**이**:븐 키즈 캔
□ 156	더 썬 이즈 **베**리	□ 171	**커**버r 유어r 마우쓰
□ 157	레츠 테일 어 워:크	□ 172	더 **터**:r들 월:트
□ 158	아이 게이브r 허	□ 173	위 윌 스떼이 호움
□ 159	**캐**비쥐 이즈 어	□ 174	레츠 플레이 **배**스킽볼:
□ 160	**또**어r 이즈 더 갇:	□ 175	디쓰 북 이즈
□ 161	디스 이즈 어	□ 176	디 쥬 겔 마이
□ 162	아이 볼: 프롤 앨	□ 177	더 그**라**운드 워즈
□ 163	캔 유 쎄이 댈	□ 178	댈 워즈 써취 어
□ 164	더 밸 플루 인투	□ 179	더 버:r드 워즈 플래핑
□ 165	히 볼: 썸	□ 180	더 **터**:r들 워즈

번호	힌 트	번호	힌 트
☐ 091	컵에는 물이	☐ 106	행복한 새해가
☐ 092	그는 자동차 사고로	☐ 107	유리병을 떨어뜨리지
☐ 093	나는 이미 직장에	☐ 108	나는 어제 파이
☐ 094	나는 숙제를	☐ 109	그녀는 수학 수업을
☐ 095	저 가게는 빵을	☐ 110	그는 새 침대에서
☐ 096	내가 좋아하는 배우가	☐ 111	그것은 자동차
☐ 097	아기가 거품을	☐ 112	나는 어린이가 아니라
☐ 098	그 마을은 작년에	☐ 113	나는 또 하나의
☐ 099	우리는 오늘 미술	☐ 114	그 소년은 매우
☐ 100	그녀는 파티를 위해	☐ 115	나는 비 때문에
☐ 101	나는 어디에서도 열쇠를	☐ 116	그들은 같은 반에 있다.
☐ 102	버스정류장이	☐ 117	그녀는 물속으로
☐ 103	당신의 여권을	☐ 118	나는 그에게 충고를
☐ 104	그는 연못에서 오리	☐ 119	나는 하늘에 뜬
☐ 105	해는 동쪽에서	☐ 120	나는 다음에 더 열심히

09~10 일차

리뷰

번호	힌트	번호	힌트
□ 121	그 장갑은 그녀에게	□ 136	지금 당장
□ 122	그들은 태극기를	□ 137	우리는 일 년에
□ 123	제가 몇 가지 문제를	□ 138	신발이 내 발에
□ 124	강물에 넘어지지	□ 139	잠시 문을
□ 125	나는 그녀에게 다이아몬드	□ 140	그 바위는 옮기기에는
□ 126	소금과 후추를	□ 141	나는 아침에
□ 127	우리 부모님도	□ 142	그녀에게 공을
□ 128	나는 매일 9시 정각에	□ 143	그 돼지는 우리에서
□ 129	많은 외국인 관광객들이	□ 144	나는 생일 선물을
□ 130	나는 경주에서 지고	□ 145	그는 빵집에서
□ 131	그는 경주에서 두 번째로	□ 146	숲은 조용하고
□ 132	이 피자는	□ 147	그의 목소리는
□ 133	저 소녀는 나보다	□ 148	나는 칫솔로 이를
□ 134	그는 오래된 영화에	□ 149	나는 프라이팬에서
□ 135	나는 숙제를	□ 150	그녀의 농담은 나에게

11~12 리뷰 일차

번호	힌트	번호	힌트
☐ 151	겨울은 내가 가장	☐ 166	그는 너무 약해서
☐ 152	농부는 밭에	☐ 167	비옷을 가져오는
☐ 153	그 사람은 은행에서	☐ 168	분홍색 장미는
☐ 154	그는 혼자서	☐ 169	오늘은 바쁜
☐ 155	오늘은 양들이	☐ 170	심지어 아이도
☐ 156	태양이 매우	☐ 171	기침할 때는
☐ 157	공원에서	☐ 172	거북이는 매우
☐ 158	나는 그녀에게	☐ 173	우리는 오늘 밤
☐ 159	양배추는 건강에	☐ 174	오후에 농구를
☐ 160	토르는 천둥의	☐ 175	이 책은 읽기에
☐ 161	이것은 큰	☐ 176	당신은 내 소포
☐ 162	나는 식료품점에서	☐ 177	그 땅은 풀로
☐ 163	다시 한번	☐ 178	그것은 정말 대단한
☐ 164	박쥐는 숲으로	☐ 179	그 새는 날개를
☐ 165	그는 검은색 바지를	☐ 180	그 거북이는 매우

여러분을 응원합니다 !

**한글영어학습에 대해서 궁금한 점이 있다면
한글영어 공식카페로 질문해주세요.**

한글영어 공식카페

🔍 https://cafe.naver.com/korchinese

모든 질문에 성심껏
답변을 드리도록 하겠습니다.

181 - 270

13 일차 ~ 18 일차

"한글발음을 읽을 때,
영어소리를 온몸으로 느낀다고 생각하며 읽는다"

ㅍ, ㄹ, ㅂ 는 각각 f, r, v 발음 표시

진한 발음은 강세 표시

13 일차

181 - 195

번 호	단어발음	문장발음
□ 181	**캐럴**	· **캐**러츠 아r **오:**렌쥐 앤(드) **크런**취.
□ 182	**히**스토리	· 아이 로울 어바웃 프렌취 **히**스토리.
□ 183	**펀**	· 댈 **로**울러r **코**우스터r 워즈 **펀**.
□ 184	와이	· 와이 디 쥬 미쓰 클래쓰?
□ 185	슬라이드	· 위 슬**릳** 다운 더 힐 **크**위끌리.
□ 186	**라**잍	· 아이 원:(트) 투 **라**잍 어 북.
□ 187	**리**버r	· 더 **리**버r 룩쓰 딮:.
□ 188	크**레**이지	· 히 옐드 라잌 어 크**레**이지 **퍼**:r쓴.
□ 189	**췌**크	· 아일 **췤** 더 프**라**이쓰 택.
□ 190	크**라**우드	· 더 프**레**지든트 어**쥬레**스(드) 더 크**라**우드.
□ 191	**씰**버r	· 잍 워즈 어 **뷰:**리플 **씰**버r 네끌러쓰.
□ 192	**타**워r	· 디 오울(드) **타**워r 워즈 **베**리 톨:.
□ 193	홀:	· 위 월:(트) 다운 어 롱: 홀:.
□ 194	뮤**지:**엄	· 위 웬(트) 투 어 뮤**지:**엄 래스(트) **썬**데이.
□ 195	**모**우터r싸이클	· 쉬 캔 **라**이드 어 **모**우터r싸이클.

번 호	단어의미	문장의미
☐ 181	당근	· 당근은 주황색이고 와삭거린다.
☐ 182	역사	· 나는 프랑스 역사에 관하여 썼다.
☐ 183	재미있는	· 그 롤러코스터는 재미있었다.
☐ 184	왜	· 당신은 왜 수업을 빼먹었나요?
☐ 185	미끄러지다	· 우리는 언덕을 빠르게 미끄러져 내려갔다.
☐ 186	쓰다	· 나는 책을 쓰고 싶다.
☐ 187	강	· 그 강은 깊어 보인다.
☐ 188	미친	· 그는 미친 사람처럼 소리쳤다.
☐ 189	확인하다	· 내가 가격표를 확인하겠다.
☐ 190	군중	· 대통령이 군중에게 연설했다.
☐ 191	은	· 그것은 아름다운 은목걸이였다.
☐ 192	탑	· 그 오래된 탑은 매우 높았다.
☐ 193	복도	· 우리는 긴 복도를 걸어 내려갔다.
☐ 194	박물관	· 우리는 지난 일요일에 박물관에 갔다.
☐ 195	오토바이	· 그녀는 오토바이를 탈 수 있다.

번 호	단어발음	문장발음
☐ 196	**아:r**티스트	· 쉬 이즈 어 그레잎 **아:r**티스트.
☐ 197	**터:r**키	· 위 잍 **터:r**키 온 땡쓰기빙.
☐ 198	스탬프	· 아이 풑 어 스탬프 온 더 **레**러r.
☐ 199	와일	· 히 쌩 어 쏭: 와일 테이킹 어 **샤**워r.
☐ 200	췬	· 히 해즈 어 브로:드 췬.
☐ 201	얼라우	· 아이 캔트 얼라우 유 투 두 댙.
☐ 202	쏘어r드	· 더 쏘어r드 워즈 **베**리 샤:r프.
☐ 203	뱀부:	· 뱀부: 그로우즈 **베**리 패스트.
☐ 204	**다**이어리	· 쉬 추라이(드) 투 킾 어 **다**이어리 에브리 데이.
☐ 205	레이즈	· 레이즈 유어r 핸드 이프 유 해브 애니 **크**웨스췬즈.
☐ 206	**디**퍼런트	· 쉬 룩쓰 **디**퍼런(트) 투**데**이.
☐ 207	**헝**그리	· 아이 앰 쏘우 **헝**그리 나우.
☐ 208	캔	· 아임 **슈**어r 아이 캔 헬프 유.
☐ 209	**페**이버맅	· 마이 **페**이버맅 스낵 이즈 퍼테이도우 췺쓰.
☐ 210	**이**어링	· 쉬 로:스트 허r **이**어링 디쓰 **모:r**닝.

번호	단어의미	문장의미
☐ 196	**예술가**	· 그녀는 위대한 예술가이다.
☐ 197	칠면조	· 우리는 추수감사절에 칠면조를 먹는다.
☐ 198	**우표**	· 나는 편지에 우표를 붙였다.
☐ 199	~ 동안	· 그는 샤워하는 동안 노래를 불렀다.
☐ 200	**턱**	· 그는 넓은 턱을 가지고 있다.
☐ 201	허락하다	· 나는 네가 그것을 하도록 허락할 수 없다.
☐ 202	**칼**	· 그 칼은 매우 날카로웠다.
☐ 203	대나무	· 대나무는 매우 빨리 자란다.
☐ 204	**일기**	· 그녀는 매일 밤 일기를 쓰기 위해 노력했다.
☐ 205	들어올리다	· 질문이 있으면 손을 들어주세요.
☐ 206	**다른**	· 그녀는 오늘 달라 보인다.
☐ 207	배고픈	· 나는 지금 너무 배고프다.
☐ 208	**할 수 있다**	· 내가 너를 도울 수 있다고 확신한다.
☐ 209	가장 좋아하는	· 내가 가장 좋아하는 간식은 감자튀김이다.
☐ 210	**귀걸이**	· 그녀는 오늘 아침에 귀걸이를 잃어버렸다.

15 일차

211 - 225

번 호	단어발음	문장발음
☐ 211	**버:r드**	· 더 **버:r드** 이즈 취:r핑 온 더 브랜취.
☐ 212	쉽	· 아이 원:(트) 투 쎄일 온 어 쉽.
☐ 213	어**버**브	· 더 **스**빼로우 이즈 플라잉 어**버**브 더 추리:.
☐ 214	**스**튜:든트	· 쉬 이즈 어 스마:r트 **스**튜:든트.
☐ 215	**무:브**	· 레츠 무:브 더 **헤**비 락:.
☐ 216	클라임	· 히 클라임드 더 **래**더r 케어r플리.
☐ 217	램	· 쉬 원:츠 투 레이즈 어 램.
☐ 218	**해**빝	· 바이링 유어r 네일즈 이즈 어 밷 **해**빝.
☐ 219	클리어r	· 더 스까이 이즈 클리어r 앤드 블루:.
☐ 220	문:	· 더 문: 쇼운 온 더 레이크.
☐ 221	윌	· 위 윌 비 데어r 순:.
☐ 222	**헤**비	· 더 빅 락: 이즈 투: **헤**비.
☐ 223	**패**밀리	· 아이 윌 러브 마이 **패**밀리 퍼레버r.
☐ 224	싹:쓰	· 유어r 싹쓰 스멜 쏘우 배드.
☐ 225	**컨**추리	· 윝 **컨**추리 아r 유 프럼?

번 호	단어의미	문장의미
□ 211	새	· 새가 나뭇가지에서 지저귀고 있다.
□ 212	배	· 나는 배를 타고 항해하고 싶다.
□ 213	~위에	· 참새가 나무 위를 날아가고 있다.
□ 214	학생	· 그녀는 영리한 학생이다.
□ 215	옮기다	· 무거운 바위를 옮기자.
□ 216	올라가다	· 그는 조심해서 사다리를 올라갔다.
□ 217	새끼 양	· 그녀는 새끼 양을 기르고 싶어 한다.
□ 218	습관	· 손톱을 물어뜯는 것은 나쁜 습관이다.
□ 219	맑은	· 하늘이 맑고 파랗다.
□ 220	달	· 달이 호수 위를 비췄다.
□ 221	~할 것이다	· 우리는 곧 그곳에 도착할 것이다.
□ 222	무거운	· 그 큰 바위는 너무 무겁다.
□ 223	가족	· 나는 우리 가족을 영원히 사랑할 것이다.
□ 224	양말	· 네 양말은 냄새가 너무 심하다.
□ 225	나라	· 당신은 어느 나라에서 왔나요?

16 일차

226 - 240

번호	단어발음	문장발음
☐ 226	**네버**r	· 아이 윌 **네버**r 고우 데어r 어**겐**.
☐ 227	**인쎅트**	· 언 앤트 이즈 언 스몰: **인**쎅트.
☐ 228	**디쓰**	· 하우 머취 더즈 디쓰 백 코:스트?
☐ 229	**우드**	· 댇 보울 이즈 메이드 오브 우드.
☐ 230	**노우**	· 히 노우즈 더 **앤써**r 투 더 **크**웨스쳔.
☐ 231	스추라이크	· 스추라이크 히즈 렉 위드 더 스틱.
☐ 232	**떠:r스티**	· 아이 워(즈) 쏘우 **떠:r**스티 댇 아이 주랭크 썸 **워:**러r.
☐ 233	워:r	· 더 워:r 윌 엔(드) 순:.
☐ 234	**배를**	· 데이 **파**이널리 원 더 **배**를.
☐ 235	스쿨:	· 위 워r 앹 더 쎄임 스쿨:.
☐ 236	**땡크**	· **리**멤버r 투 땡크 유어r **페어런**츠.
☐ 237	캐취	· 히 콭: 어 플라잉 볼:.
☐ 238	**오울드**	· 히 컬렉츠 오울드 스땜쓰 앤(드) 코인즈.
☐ 239	어:r쓰	· 디 어:r쓰 이즈 어 **플래**닡, 투:.
☐ 240	**라이터**r	· 쉬 이즈 어 **라**이터r 앹 더 **뉴:**스페이퍼r.

번호	단어의미	문장의미
☐ 226	절대~아니다	· 난 그곳에 절대 다시는 안 가겠다.
☐ 227	곤충	· 개미는 작은 곤충이다.
☐ 228	이것	· 이 가방은 얼마인가요?
☐ 229	나무	· 그 배는 나무로 만들어졌다.
☐ 230	알다	· 그는 그 질문에 대한 답을 알고 있다.
☐ 231	치다	· 막대기로 그의 다리를 쳐라.
☐ 232	목마른	· 나는 목이 너무 말라서 물을 좀 마셨다.
☐ 233	전쟁	· 전쟁은 곧 끝날 것이다.
☐ 234	전투	· 그들은 마침내 전투에서 이겼다.
☐ 235	학교	· 우리는 같은 학교에 다녔다.
☐ 236	감사하다	· 부모님께 감사하는 것을 기억해라.
☐ 237	잡다	· 그는 날아오는 공을 잡았다.
☐ 238	오래된	· 그는 오래된 우표와 동전을 모은다.
☐ 239	지구	· 지구도 역시 행성이다.
☐ 240	작가	· 그녀는 신문사에서 일하는 작가다.

번 호	단어발음	문장발음
☐ 241	**캪**	· 쉬 킾쓰 어 캪 애즈 어 펠.
☐ 242	**디저:r트**	· 댙 디저:r트 이즈 투: 스윝.
☐ 243	**리:브**	· 더즈 히 해브 투 리:브 나우?
☐ 244	**카우**	· 디 오울드 카우 펠 어슬맆:.
☐ 245	**피:쁠**	· 메니 **피:쁠** 취어r드 퍼r 힘.
☐ 246	**파:기**	· 디스 **포:**레스트 이즈 투: **파:**기.
☐ 247	**눈:**	· 더 메일 어**라**이브즈 앹 눈: **에브리** 데이.
☐ 248	**비컴**	· 아이 원:(트) 투 비**컴** 어 **씽어r**.
☐ 249	**주:얼**	· 히 파운드 어 블루: **주:얼**.
☐ 250	**헨**	· 더 헨 레이드 언 에그 디쓰 **모:r닝**.
☐ 251	**글루:**	· 히 풑 글루: 온 더 **페이퍼r**.
☐ 252	**리:얼**	· 히즈 **리:얼** 네임 이즈 쌤.
☐ 253	**앤드**	· 아이 라잌 독:즈 앤(드) 캐츠 **베리** 머취.
☐ 254	**와이트**	· 더 클라우드 워즈 와잍 앤(드) 쏘:프트.
☐ 255	**타이거r**	· 히 쏘: 어 **타**이거r 앹 더 주:.

번호	단어의미	문장의미
□ 241	**고양이**	· 그녀는 애완동물로 고양이를 기른다.
□ 242	후식	· 그 후식은 너무 달다.
□ 243	**떠나다**	· 그는 지금 떠나야만 하나요?
□ 244	암소	· 그 늙은 암소는 잠이 들었다.
□ 245	**사람들**	· 많은 사람들이 그를 응원했다.
□ 246	안개가 낀	· 이 숲은 너무 안개가 끼었다.
□ 247	**정오**	· 우편물은 매일 정오에 도착한다.
□ 248	~이 되다	· 저는 가수가 되고 싶습니다.
□ 249	**보석**	· 그는 파란 보석을 발견했다.
□ 250	암탉	· 암탉이 오늘 아침에 알을 낳았다.
□ 251	**풀**	· 그는 종이에 풀을 발랐다.
□ 252	진짜의	· 그의 진짜 이름은 샘이다.
□ 253	**그리고**	· 나는 개 그리고 고양이를 매우 좋아한다.
□ 254	하얀색의	· 구름은 하얗고 부드러웠다.
□ 255	**호랑이**	· 그는 동물원에서 호랑이를 보았다.

18 일차

256 - 270

번 호	단어발음	문장발음
□ 256	에이쥐	· 위 아r 더 쎄임 에이쥐.
□ 257	베어r	· 더 라:r쥐 베어r 그라울드 앹 어쓰.
□ 258	빌드	· 위 윌 빌드 어 뉴: 하우쓰.
□ 259	코인	· 아이 주랖뜨: 어 코인 온 더 버쓰.
□ 260	리취	· 디 오우너r 이즈 베리 리취.
□ 261	베쥐터블	· 히 이즈 워:r킹 인 히즈 베쥐터블 가:r든.
□ 262	텔러포운	· 위 톡:트 온 더 텔러포운.
□ 263	마:r크	· 마:r크 더 커렉트 앤써r.
□ 264	롱:	· 위 웬(트) 더 롱: 웨이.
□ 265	엔쥐니어r	· 쉬 이즈 어 탤런틷 엔쥐니어r.
□ 266	라이드	· 아이 라잌 투 라이드 마이 바이씨클.
□ 267	워:크	· 위 월:트 퍼:r 어 와일 인 더 파:r크.
□ 268	플레인	· 더 플레인 랜딛 앹 더 에어r포:r트.
□ 269	니어r	· 데어r 워즈 어 레스추란:트 니어r 히어r.
□ 270	어바웉	· 웥 이즈 더 무:비 어바웉?

번호	단어의미	문장의미
☐ 256	나이	· 우리는 같은 나이다.
☐ 257	곰	· 큰 곰이 우리에게 으르렁거렸다.
☐ 258	짓다	· 우리는 새로운 집을 지을 것이다.
☐ 259	동전	· 나는 버스에서 동전을 떨어뜨렸다.
☐ 260	부유한	· 그 주인은 매우 부유하다.
☐ 261	채소	· 그는 채소밭에서 일하는 중이다.
☐ 262	전화	· 우리는 전화로 이야기했다.
☐ 263	표시하다	· 옳은 답에 표시해라.
☐ 264	잘못된	· 우리는 잘못된 길로 갔다.
☐ 265	기술자	· 그녀는 유능한 기술자다.
☐ 266	타다	· 나는 자전거를 타는 것을 좋아한다.
☐ 267	걷다	· 우리는 공원에서 잠시 동안 걸었다.
☐ 268	비행기	· 그 비행기는 공항에 착륙했다.
☐ 269	가까운	· 여기 가까이에 식당이 있었다.
☐ 270	~에 관하여	· 그 영화는 무엇에 관한 건가요?

번호	힌 트	번호	힌 트
☐ 181	**캐**러츠 아r **오:**렌쥐	☐ 196	쉬 이즈 어 그<u>레</u>잎
☐ 182	아이 <u>로</u>울 어바울	☐ 197	위 잍 **터:**r키
☐ 183	댈 <u>로</u>울러r **코**우스터r	☐ 198	아이 풑 어 스탬프
☐ 184	와이 디 쥬 미쓰	☐ 199	히 쌩 어 쏭:
☐ 185	위 슬<u>맆</u> 다운	☐ 200	히 해즈 어
☐ 186	아이 원:(트) 투 <u>라</u>잎	☐ 201	아이 캔트 얼<u>라</u>우
☐ 187	더 **<u>리버</u>**r 룩쓰	☐ 202	더 쏘어r드 워즈
☐ 188	히 옐드 라잌	☐ 203	뱀**부:** 그로우즈
☐ 189	아일 췤 더	☐ 204	쉬 추<u>라</u>이(드) 투 <u>킾</u>
☐ 190	더 **프**<u>레</u>지든트	☐ 205	<u>레</u>이즈 유어r 핸드
☐ 191	잍 워즈 어 **뷰:**리플	☐ 206	쉬 룩쓰 **디**<u>퍼</u>런(트)
☐ 192	디 오울(드) **타**워r	☐ 207	아이 앰 쏘우
☐ 193	위 월:(트) 다운	☐ 208	아임 **슈**어r 아이
☐ 194	위 웬(트) 투 어 뮤**지:**엄	☐ 209	마이 **페**이버릳 스낵
☐ 195	쉬 캔 <u>라</u>이드	☐ 210	쉬 로:스트 허r

번호	힌 트	번호	힌 트
☐ 211	더 버:r드 이즈 춰:r핑	☐ 226	아이 윌 **네버**r
☐ 212	아이 원:(트) 투 쎄일	☐ 227	언 앤트 이즈 언
☐ 213	더 **스빼로**우 이즈 플라잉	☐ 228	하우 머취 더즈
☐ 214	쉬 이즈 어 스마:r트	☐ 229	댙 보울 이즈 메이드
☐ 215	레츠 무:브	☐ 230	히 노우즈 더 **앤써**r
☐ 216	히 클라임드 더 **래**더r	☐ 231	스추**라**이크 히즈 렉
☐ 217	쉬 원:츠 투 레이즈	☐ 232	아이 워(즈) 쏘우 **떠:r**스티
☐ 218	바이링 유어r 네일즈	☐ 233	더 워:r 윌
☐ 219	더 스까이 이즈	☐ 234	데이 **파**이널리 원
☐ 220	더 문: 쇼운	☐ 235	위 워r 앹 더
☐ 221	위 윌 비	☐ 236	리**멤**버r 투 땡크
☐ 222	더 빅 **랔**: 이즈	☐ 237	히 콜: 어 플라잉
☐ 223	아이 윌 러브 마이	☐ 238	히 컬**렉**츠 오울드
☐ 224	유어r 쌐쓰 스멜	☐ 239	디 어:r쓰 이즈
☐ 225	윌 **컨추리**	☐ 240	쉬 이즈 어 **라**이터r

번호	힌트	번호	힌트
☐ 241	쉬 킾쓰 어 캪	☐ 256	위 아r 더 쎄임
☐ 242	댈 디**저:r**트 이즈	☐ 257	더 라:r쥐 베어r
☐ 243	더즈 히 해브 투	☐ 258	위 윌 빌드
☐ 244	디 오울드 카우	☐ 259	아이 주랖뜨: 어
☐ 245	메니 **피:**쁠 취어r드	☐ 260	디 **오**우너r 이즈
☐ 246	디스 **포:**레스트	☐ 261	히 이즈 워:r킹
☐ 247	더 메일 어**라**이브즈	☐ 262	위 톡:트 온
☐ 248	아이 원:(트) 투 비**컴**	☐ 263	마:r크 더 커렉트
☐ 249	히 파운드 어	☐ 264	위 웬(트) 더
☐ 250	더 헨 **레**이드 언 에그	☐ 265	쉬 이즈 어 **탤**런틷
☐ 251	히 풀 글루:	☐ 266	아이 라잌 투 라이드
☐ 252	히즈 **리:**얼 네임	☐ 267	위 월:트 퍼:r
☐ 253	아이 라잌 독:즈	☐ 268	더 플레인 랜딛
☐ 254	더 클라우드 워즈	☐ 269	데어r 워즈 어
☐ 255	히 쏘: 어 **타**이거r	☐ 270	윌 이즈 더

13~14 리뷰 일차

번호	힌 트	번호	힌 트
☐ 181	당근은 주황색이고	☐ 196	그녀는 위대한
☐ 182	나는 프랑스	☐ 197	우리는 추수감사절에
☐ 183	그 롤러코스터는	☐ 198	나는 편지에
☐ 184	당신은 왜 수업을	☐ 199	그는 샤워하는 동안
☐ 185	우리는 언덕을	☐ 200	그는 넓은 턱을
☐ 186	나는 책을	☐ 201	나는 네가 그것을 하도록
☐ 187	그 강은 깊어	☐ 202	그 칼은 매우
☐ 188	그는 미친 사람처럼	☐ 203	대나무는 매우
☐ 189	내가 가격표를	☐ 204	그녀는 매일 밤
☐ 190	대통령이 군중에게	☐ 205	질문이 있으면
☐ 191	그것은 아름다운	☐ 206	그녀는 오늘
☐ 192	그 오래된 탑은	☐ 207	나는 지금 너무
☐ 193	우리는 긴 복도를	☐ 208	내가 너를 도울 수
☐ 194	우리는 지난 일요일	☐ 209	내가 가장 좋아하는
☐ 195	그녀는 오토바이를	☐ 210	그녀는 오늘 아침에

번호	힌 트	번호	힌 트
☐ 211	새가 나뭇가지에서	☐ 226	난 그곳에 절대
☐ 212	나는 배를 타고	☐ 227	개미는 작은
☐ 213	참새가 나무 위를	☐ 228	이 가방은
☐ 214	그녀는 영리한	☐ 229	그 배는 나무로
☐ 215	무거운 바위를	☐ 230	그는 그 질문에
☐ 216	그는 조심해서	☐ 231	막대기로 그의
☐ 217	그녀는 새끼 양을	☐ 232	나는 목이 너무 말라서
☐ 218	손톱을 물어뜯는 것은	☐ 233	전쟁은 곧
☐ 219	하늘이 맑고	☐ 234	그들은 마침내
☐ 220	달이 호수 위를	☐ 235	우리는 같은
☐ 221	우리는 곧 그곳에	☐ 236	부모님께 감사하는
☐ 222	그 큰 바위는	☐ 237	그는 날아오는
☐ 223	나는 우리 가족을 영원히	☐ 238	그는 오래된 우표와
☐ 224	네 양말은 냄새가	☐ 239	지구도 역시
☐ 225	당신은 어느	☐ 240	그녀는 신문사에서

번호	힌트	번호	힌트
☐ 241	그녀는 애완동물로	☐ 256	우리는 같은
☐ 242	그 후식은	☐ 257	큰 곰이 우리에게
☐ 243	그는 지금 떠나야만	☐ 258	우리는 새로운
☐ 244	그 늙은 암소는	☐ 259	나는 버스에서
☐ 245	많은 사람들이	☐ 260	그 주인은 매우
☐ 246	이 숲은 너무	☐ 261	그는 채소밭에서
☐ 247	우편물은 매일	☐ 262	우리는 전화로
☐ 248	저는 가수가 되고	☐ 263	옳은 답에
☐ 249	그는 파란 보석을	☐ 264	우리는 잘못된
☐ 250	암탉이 오늘 아침에	☐ 265	그녀는 유능한
☐ 251	그는 종이에	☐ 266	나는 자전거를 타는
☐ 252	그의 진짜 이름은	☐ 267	우리는 공원에서
☐ 253	나는 개 그리고 고양이를	☐ 268	그 비행기는
☐ 254	구름은 하얗고	☐ 269	여기 가까이에
☐ 255	그는 동물원에서	☐ 270	그 영화는 무엇에

여러분을 응원합니다!

한글영어학습에 대해서 궁금한 점이 있다면

한글영어 공식카페로 질문해주세요.

한글영어 공식카페

🔍 https://cafe.naver.com/korchinese

모든 질문에 성심껏
답변을 드리도록 하겠습니다.

"한글발음을 읽을 때,
영어소리를 온몸으로 느낀다고 생각하며 읽는다"

ㅍ, ㄹ, ㅂ 는 각각 f, r, v 발음 표시

진한 발음은 강세 표시

19 일차

271 - 285

번 호	단어발음	문장발음
☐ 271	테일	· 호:r시스 해브 롱: 테일즈.
☐ 272	**엑**썰런트	· 쉬 이즈 언 **엑**썰런트 스튜든트.
☐ 273	스마:r트	· 히 이즈 스마:r터r 댄 히즈 **브라**더r.
☐ 274	**래**빝	· 더 **래**빝 랜 어웨이 **크**위끌리.
☐ 275	**머**니	· 아이 도운(트) 해브 이너프 **머**니.
☐ 276	**라**이즈	· 더 썬 이즈 **라**이징 어**버**브 더 허**라**이즌.
☐ 277	위다웉	· 아이 웬(트) **샤:**삥 위다웉 마이 **월:**렡.
☐ 278	**엘**러펀트	· 디 **엘**러펀트 해즈 어 롱: 추**렁**크.
☐ 279	컴	· 어 프렌드 케임 투 씨: 미.
☐ 280	**써**니	· 이츠 **써**니 앤(드) 웜: 투데이.
☐ 281	**이:**지	· 더 **프라:**블럼 워즈 투: **이:**지 퍼r 힘.
☐ 282	**노**웉붘	· 아이 니드 어 **노**웉붘 퍼r 클래쓰.
☐ 283	아웉**싸**이드	· 더 **췰**드런 플레이드 아웉**싸**이드.
☐ 284	**어**글리	· 히 워즈 어 **리:**얼리 **어**글리 맨.
☐ 285	**베**이쓰볼:	· 플레잉 **베**이쓰볼: 이즈 **리:**얼리 펀.

번 호	단어의미	문장의미
☐ 271	꼬리	· 말은 긴 꼬리를 가지고 있다.
☐ 272	뛰어난	· 그녀는 뛰어난 학생이다.
☐ 273	영리한	· 그는 형보다 더 영리하다.
☐ 274	토끼	· 토끼는 빨리 도망쳤다.
☐ 275	돈	· 나는 충분한 돈이 없다.
☐ 276	뜨다	· 태양이 지평선 위로 뜨고 있다.
☐ 277	~없이	· 나는 지갑 없이 쇼핑하러 갔다.
☐ 278	코끼리	· 코끼리는 긴 코를 가지고 있다.
☐ 279	오다	· 한 친구가 나를 보러 왔다.
☐ 280	화창한	· 오늘은 화창하고 따뜻하다.
☐ 281	쉬운	· 그 문제는 그에게 너무 쉬웠다.
☐ 282	공책	· 나는 수업을 위한 공책이 필요하다.
☐ 283	바깥	· 아이들은 바깥에서 놀았다.
☐ 284	못생긴	· 그는 정말 못생긴 남자였다.
☐ 285	야구	· 야구를 하는 것은 정말 재밌다.

20 일차

번호	단어발음	문장발음
□ 286	띠:프	· 댈 띠:프 스또울 마이 **머**니.
□ 287	**할:**러데이	· **췰**드런즈 데이 이즈 마이 **페**이버릳 **할:**러데이.
□ 288	**리:**얼리	· 댈 **마**운튼 이즈 **리:**얼리 하이.
□ 289	마인드	· 쉬 **파**이널리 췌인쥐드 허r 마인드.
□ 290	**데**인줘러쓰	· 아이 도운(트) 라잌 고잉 투 **데**인줘러쓰 플레이씨즈
□ 291	랜드	· **피:**쁠 그로우 **베**쥐터블즈 온 랜드.
□ 292	샤우트	· 아이 디른(트) 민: 튜 샤우트 앹 유.
□ 293	**췰**드런	· 모우스트 **췰**드런 러브 **캔**디.
□ 294	헬프	· 아이 헬프트 마이 **맘** 와:쉬 더 디쉬즈.
□ 295	캪	· 쉬 이즈 루낑 퍼r 허r 캪.
□ 296	해브	· 하우 머취 **머**니 두 유 해브?
□ 297	**씽**글	· 어 **씽**글 **퍼:**r쓴 언더r스**뚣** 마이 아이**디**어.
□ 298	비:취	· 디쓰 비:취 해즈 클린: 쌘드.
□ 299	추레인	· 아이 케임 히어r 온 더 퍼:r스(트) 추레인.
□ 300	**허:**리	· 도운(트) **허:**리. 데얼즈 **플**렌티 어브 타임.

번 호	단어의미	문장의미
□ 286	도둑	· 그 도둑이 내 돈을 훔쳤다.
□ 287	공휴일	· 어린이날은 내가 가장 좋아하는 공휴일이다.
□ 288	정말로	· 저 산은 정말로 높다.
□ 289	마음	· 그녀는 마침내 마음을 바꿨다.
□ 290	위험한	· 나는 위험한 곳에 가는 것을 좋아하지 않는다.
□ 291	땅	· 사람들은 땅에서 채소를 재배한다.
□ 292	소리치다	· 나는 너한테 소리칠 의도는 없었다.
□ 293	아이들	· 대부분의 아이들은 사탕을 아주 좋아한다.
□ 294	돕다	· 나는 엄마가 설거지하는 것을 도왔다.
□ 295	모자	· 그녀는 모자를 찾고 있다.
□ 296	가지다	· 당신은 돈을 얼마나 가지고 있나요?
□ 297	단 하나의	· 단 한 사람이 내 생각을 이해했다.
□ 298	해변	· 이 해변은 깨끗한 모래를 가지고 있다.
□ 299	기차	· 나는 첫 기차를 타고 여기에 왔다.
□ 300	서두르다	· 서두르지 마라. 시간은 많다.

21 일차

번 호	단어발음	문장발음
□ 301	리브	· 데이 해브 리브드 인 쏘울 퍼r 파이브 이어r즈.
□ 302	앤써r	· 후 캔 앤써r 마이 크웨스춴?
□ 303	라이쓰	· 히 에잍 투: 보울즈 어브 라이쓰.
□ 304	이레이써r	· 캔 아이 바:로우 유어r 이레이써r?
□ 305	로운리	· 히 펠트 로운리 앨 나잍.
□ 306	빌리쥐	· 더 빌리쥐 워즈 베리 스몰:.
□ 307	월프	· 이프 유 씨: 어 월프, 런 어웨이.
□ 308	글래씨즈	· 쉬 로스트 허r 글래씨즈 앨 스쿨:.
□ 309	미니트	· 더 버쓰 윌 어라이브 인 파이브 미니츠.
□ 310	주라이	· 디 에어r 워즈 주라이 앤(드) 핱:.
□ 311	메틀	· 매그네츠 스틱 이즐리 투 메틀.
□ 312	스노우	· 잍 이즈 하:r(드) 투 주라이브 인 스노우.
□ 313	넥스트	· 레츠 밑: 어겐 넥스(트) 타임.
□ 314	비포어r	· 히 어라이브드 비포어r 에잍 어클락:.
□ 315	콜:	· 아이 퍼r같 투 콜: 유 퍼:r스트.

번호	단어의미	문장의미
□ 301	살다	· 그들은 5년 동안 서울에서 살고 있다.
□ 302	대답하다	· 누가 내 질문에 대답할 수 있을까요?
□ 303	밥	· 그는 밥 두 그릇을 먹었다.
□ 304	지우개	· 제가 당신의 지우개를 빌릴 수 있을까요?
□ 305	외로운	· 그는 밤에 외롭게 느꼈다.
□ 306	마을	· 그 마을은 매우 작았다.
□ 307	늑대	· 늑대를 보면, 도망가라.
□ 308	안경	· 그녀는 학교에서 안경을 잃어버렸다.
□ 309	분	· 그 버스는 5분 후에 도착할 것이다.
□ 310	건조한	· 공기가 건조하고 뜨거웠다.
□ 311	금속	· 자석은 금속에 쉽게 붙는다.
□ 312	눈	· 눈 속에서 운전하는 것은 어렵다.
□ 313	다음의	· 다음번에 다시 만나자.
□ 314	~ 전에	· 그는 8시 전에 도착했다.
□ 315	전화하다	· 내가 먼저 너한테 전화하는 걸 잊었다.

316 - 330

번 호	단어발음	문장발음
☐ 316	**필**로우	· 마이 뉴: **필**로우 이즈 쏘:프트.
☐ 317	**파**:더r	· 마이 **파**:더r 이즈 톨:러r 댄 미.
☐ 318	하이	· 플레인즈 플라이 하이 인 더 스까이.
☐ 319	**내**추럴	· 어 **레**인보우 이즈 어 **내**추럴 퍼**나**:미넌.
☐ 320	콘:	· 로우스틴 콘: 테이스츠 굳.
☐ 321	**워**:러r멜런	· **워**:러r멜런 이즈 마이 **페**이버릳 프루:트.
☐ 322	룸:	· 마이 룸: 이즈 투: 스몰:.
☐ 323	패스트	· 래비츠 아r 패스터r 댄 **터**:r들즈.
☐ 324	케이브	· 더 케이브 워즈 다:r크 앤(드) **스**케어리.
☐ 325	푸쉬	· 도운(트) 푸쉬 댙 **벝**은!
☐ 326	스삐:취	· 더 **프**레지든(트) 게이브 어 스삐:취 **예**스터r데이.
☐ 327	플랜	· 더 플랜 딛 낱 워:r크 웰.
☐ 328	**토**일렡	· 이즈 데어r 어 **토**일렡 니어r 히어r?
☐ 329	일	· 쉬 펠 일 퍼:r 어 먼쓰.
☐ 330	호웊	· 아이 호웊 쉬즈 낱 레잍 퍼r 더 **미**:링.

번호	단어의미	문장의미
☐ 316	베개	· 내 새 베개는 부드럽다.
☐ 317	아버지	· 나의 아버지는 나보다 키가 크다.
☐ 318	높은	· 비행기는 하늘 높이 난다.
☐ 319	자연의	· 무지개는 자연의 현상이다.
☐ 320	옥수수	· 구운 옥수수는 맛이 좋다.
☐ 321	수박	· 수박은 내가 가장 좋아하는 과일이다.
☐ 322	방	· 내 방은 너무 작다.
☐ 323	빠른	· 토끼는 거북이보다 빠르다.
☐ 324	동굴	· 동굴은 어둡고 무서웠다.
☐ 325	누르다	· 그 단추를 누르지 마!
☐ 326	연설	· 대통령이 어제 연설을 했다.
☐ 327	계획	· 그 계획은 잘 진행되지 않았다.
☐ 328	화장실	· 이 근처에 화장실이 있나요?
☐ 329	아픈	· 그녀는 한 달 동안 아팠다.
☐ 330	바라다	· 나는 그녀가 회의에 늦지 않기를 바란다.

23 일차

331 - 345

번 호	단어발음	문장발음
☐ 331	**멍**키	· 아이 쏘: 어 **멍**키 앹 더 주:.
☐ 332	<u>포우스트</u> **오:피스**	· 더 포우스트 **오:피스** 워즈 올:<u>레</u>디 클로우즈드.
☐ 333	**오**우션	· 디 **오**우션 이즈 **베**<u>리</u> 딮:.
☐ 334	하우<u>에버</u>r	· 하우<u>에버</u>r, 쉬 라이크트 힘 인 허r 하:r트.
☐ 335	<u>라</u>이트	· 고우 <u>라</u>이트 앹 더 **코:**r너r.
☐ 336	노:r쓰	· 더 윈드 블루 <u>프럼</u> 싸우쓰 투 노:r쓰.
☐ 337	**데**일	· 웥 **데**일 이즈 잍 투**데**이?
☐ 338	머쉰:	· 더 머쉰: **써**든리 브로우크.
☐ 339	거**라:**쉬	· 파:r크 더 카:r 인 더 거**라:**쉬.
☐ 340	**앵**그<u>리</u>	· 히즈 **앤**써r 메잌 미 **앵**그<u>리</u>.
☐ 341	**배**드	· 댙 워즈 어 밷 디**씨**줜.
☐ 342	**핸**썸	· 디 액떠r 워즈 **베**<u>리</u> **핸**썸.
☐ 343	**노**이지	· 더 **췰**드런 워r **베**<u>리</u> **노**이지 라스트 나잍.
☐ 344	글래드	· 아이 워즈 글랜 투 미: 츄 히어r.
☐ 345	**캐**<u>리</u>	· 캔 유 **캐**<u>리</u> 디쓰 퍼r 미?

번호	단어의미	문장의미
☐ 331	원숭이	· 나는 동물원에서 원숭이를 보았다.
☐ 332	우체국	· 우체국은 이미 문을 닫았다.
☐ 333	대양	· 대양은 매우 깊다.
☐ 334	그러나	· 그러나, 그녀는 마음속으로 그를 좋아했다.
☐ 335	오른쪽	· 모퉁이에서 오른쪽으로 가라.
☐ 336	북쪽	· 바람이 남쪽에서 북쪽으로 불었다.
☐ 337	날짜	· 오늘은 며칠인가요?
☐ 338	기계	· 기계가 갑자기 고장이 났다.
☐ 339	차고	· 차를 차고에 주차해라.
☐ 340	화난	· 그의 대답은 나를 화나게 했다.
☐ 341	나쁜	· 그것은 나쁜 결정이었다.
☐ 342	잘생긴	· 그 배우는 매우 잘생겼다.
☐ 343	시끄러운	· 아이들이 어젯밤 매우 시끄러웠다.
☐ 344	기쁜	· 나는 여기서 너를 만나서 기뻤다.
☐ 345	운반하다	· 저를 위해 이것을 운반해 줄래요?

번호	단어발음	문장발음
□ 346	**플랜트**	· **플**라워r즈 앤(드) **베**쥐터블즈 아r 플랜츠.
□ 347	추:즈	· 유 캔 추:즈 어 룸: **퍼**:r스트.
□ 348	**썸데이**	· 아이 원:(트) 투 **추**래블 데어r 썸데이.
□ 349	브릴	· 더 **빌**딩 이즈 메이드 오브 브릴.
□ 350	**가이드**	· 캔 유 가이드 미 투 더 뮤**지**:엄?
□ 351	노우즈	· 터취 유어r 노우즈 위드 유어r 핸드.
□ 352	**보울**	· 아이 에잍 어 보울 오브 쑤웊 인 더 모:r닝.
□ 353	플레이	· 히 원:츠 투 플레이 **배**스킽볼:.
□ 354	**콘:써r트**	· 더 콘:써r트 워즈 어 그레잍 썩**쎄**쓰.
□ 355	어슬맆:	· 더 **타**이어r드 **키**튼 펠 어슬맆:.
□ 356	**풀:리쉬**	· 아이 도운(트) 원:(트) 투 룩: **풀**:리쉬
□ 357	**레이러r**	· 위 캔 밑: 어겐 레이러r.
□ 358	**퍼r햅쓰**	· **퍼**r햅쓰 위 슏 컴 백 투**마**:로우.
□ 359	스뻬이스	· 데어r 아r 메니 **플**래니츠 인 스뻬이스.
□ 360	슬맆:	· 아이 쿠른(트) 슬맆: 라스트 나잍.

번 호	단어의미	문장의미
☐ 346	식물	· 꽃과 채소는 식물이다.
☐ 347	선택하다	· 네가 먼저 방을 선택할 수 있다.
☐ 348	언젠가	· 나는 언젠가 그곳을 여행하고 싶다.
☐ 349	벽돌	· 그 건물은 벽돌로 만들어졌다.
☐ 350	안내하다	· 박물관까지 안내해 주시겠습니까?
☐ 351	코	· 네 손으로 코를 만져라.
☐ 352	그릇	· 나는 아침에 수프 한 그릇을 먹었다.
☐ 353	경기하다	· 그는 농구 경기를 하길 원한다.
☐ 354	연주회	· 그 연주회는 대성공이었다.
☐ 355	잠자는	· 그 지친 새끼고양이는 잠들었다.
☐ 356	바보 같은	· 나는 바보같이 보이고 싶지 않다.
☐ 357	나중에	· 우리는 나중에 다시 만날 수 있다.
☐ 358	아마도	· 아마도 우리는 내일 다시 와야 할 것 같다.
☐ 359	우주	· 우주에는 많은 행성이 있다.
☐ 360	잠자다	· 난 어젯밤에 잠을 잘 수 없었다.

19~20 일차 리뷰

번호	힌 트	번호	힌 트
□ 271	호:r시스 해브	□ 286	댈 띠:프 스또울
□ 272	쉬 이즈 언 **엑**썰런트	□ 287	**췰**드런즈 데이 이즈
□ 273	히 이즈 스마:r터r	□ 288	댈 **마**운튼 이즈
□ 274	더 **래**빝 **랜** 어웨이	□ 289	쉬 **파**이널리 췌인쥐드
□ 275	아이 도운(트) 해브	□ 290	아이 도운(트) 라익 고잉 투
□ 276	더 썬 이즈 라이징	□ 291	**피**:쁠 그로우 **베**쥐터블즈
□ 277	아이 웬(트) **샤**:삥	□ 292	아이 디른(트) 민: 튜
□ 278	디 **엘**러펀트 해즈	□ 293	모우스트 **췰**드런
□ 279	어 프렌드 케임	□ 294	아이 헬프트 마이 **맘**
□ 280	이츠 **써**니 앤(드)	□ 295	쉬 이즈 루낑 퍼r
□ 281	더 **프라**:블럼 워즈	□ 296	하우 머취 **머**니
□ 282	아이 니드 어 **노**울북	□ 297	어 **씽**글 **퍼**:r쓴 언더r스**뚤**
□ 283	더 **췰**드런 플레이드	□ 298	디쓰 비:취 해즈
□ 284	히 워즈 어 **리**:얼리	□ 299	아이 케임 히어r
□ 285	플레잉 **베**이쓰볼:	□ 300	도운(트) **허**:리. 데얼즈

번호	힌 트	번호	힌 트
□ 301	데이 해브 리브드 인	□ 316	마이 뉴: **필**로우
□ 302	후 캔 **앤써**r 마이	□ 317	마이 **파:**더r 이즈
□ 303	히 에일 투: 보울즈	□ 318	플레인즈 플라이
□ 304	캔 아이 **바:**로우	□ 319	어 **레**인보우 이즈
□ 305	히 펠트 **로**운리	□ 320	로우스틸 콘:
□ 306	더 **빌**리쥐 워즈	□ 321	**워:**러r멜런 이즈
□ 307	이프 유 씨: 어 울프,	□ 322	마이 룸: 이즈 투:
□ 308	쉬 로스트 허r	□ 323	**래**비츠 아r 패스터r
□ 309	더 버쓰 윌 어**라**이브	□ 324	더 케이브 워즈 다:r크
□ 310	디 에어r 워즈 주**라**이	□ 325	도운(트) 푸쉬 댈
□ 311	**매**그네츠 스틱	□ 326	더 **프레**지든(트) 게이브
□ 312	잍 이즈 하:r(드) 투	□ 327	더 플랜 딛 낱
□ 313	레츠 밑: 어**겐**	□ 328	이즈 데어r 어 **토**일렡
□ 314	히 어**라**이브드 비**포**어r	□ 329	쉬 펠 일 퍼:r
□ 315	아이 퍼r**같** 투 콜:	□ 330	아이 호웊 쉬즈 낱

23~24

리뷰 일차

번호	힌트	번호	힌트
□ 331	아이 쏘: 어 **멍**키	□ 346	플**라**워r즈 앤(드)
□ 332	더 포우스트 **오:**피스	□ 347	유 캔 추:즈 어
□ 333	디 **오**우션 이즈	□ 348	아이 원:(트) 투 **추**래블
□ 334	하우**에버**r, 쉬 라잇트	□ 349	더 **빌**딩 이즈 메이드
□ 335	고우 **라**이트	□ 350	캔 유 가이드 미
□ 336	더 윈드 블루 프럼	□ 351	터취 유어r 노우즈
□ 337	월 데잍 이즈	□ 352	아이 에잍 어 보울
□ 338	더 머쉰: **써**든리	□ 353	히 원:츠 투 플레이
□ 339	파:r크 더 카:r	□ 354	더 콘:써r트 워즈
□ 340	히즈 **앤써**r 메일	□ 355	더 **타**이어r드 **키**튼
□ 341	댙 워즈 어 밷	□ 356	아이 도운(트) 원:(트)
□ 342	디 **액떠**r 워즈	□ 357	위 캔 밑: 어겐
□ 343	더 **췰**드런 워r **베**리	□ 358	퍼r햄쓰 위 슏 컴
□ 344	아이 워즈 글랟 투	□ 359	데어r 아r 메니 **플**래니츠
□ 345	캔 유 **캐**리 디쓰	□ 360	아이 쿠른(트) 슬맆:

번호	힌 트	번호	힌 트
☐ 271	말은 긴 꼬리를	☐ 286	그 도둑이 내 돈을
☐ 272	그녀는 뛰어난	☐ 287	어린이날은 내가
☐ 273	그는 형보다	☐ 288	저 산은 정말로
☐ 274	토끼는 빨리	☐ 289	그녀는 마침내
☐ 275	나는 충분한	☐ 290	나는 위험한 곳에 가는 것을
☐ 276	태양이 지평선	☐ 291	사람들은 땅에서
☐ 277	나는 지갑 없이	☐ 292	나는 너한테 소리칠
☐ 278	코끼리는 긴 코를	☐ 293	대부분의 아이들은
☐ 279	한 친구가 나를	☐ 294	나는 엄마가 설거지하는
☐ 280	오늘은 화창하고	☐ 295	그녀는 모자를
☐ 281	그 문제는 그에게	☐ 296	당신은 돈을 얼마나
☐ 282	나는 수업을 위한	☐ 297	단 한 사람이
☐ 283	아이들은 바깥에서	☐ 298	이 해변은 깨끗한
☐ 284	그는 정말 못생긴	☐ 299	나는 첫 기차를
☐ 285	야구를 하는 것은	☐ 300	서두르지 마라.

21~22 일차 리뷰

번호	힌 트	번호	힌 트
□ 301	그들은 5년 동안	□ 316	내 새 베개는
□ 302	누가 내 질문에	□ 317	나의 아버지는
□ 303	그는 밥 두	□ 318	비행기는 하늘
□ 304	제가 당신의 지우개를	□ 319	무지개는 자연의
□ 305	그는 밤에 외롭게	□ 320	구운 옥수수는
□ 306	그 마을은 매우	□ 321	수박은 내가 가장
□ 307	늑대를 보면,	□ 322	내 방은 너무
□ 308	그녀는 학교에서	□ 323	토끼는 거북이보다
□ 309	그 버스는 5분 후에	□ 324	동굴은 어둡고
□ 310	공기가 건조하고	□ 325	그 단추를 누르지 마!
□ 311	자석은 금속에	□ 326	대통령이 어제
□ 312	눈 속에서 운전하는	□ 327	그 계획은 잘 진행되지
□ 313	다음번에 다시	□ 328	이 근처에 화장실이
□ 314	그는 8시 전에	□ 329	그녀는 한 달 동안
□ 315	내가 먼저 너한테	□ 330	나는 그녀가 회의에

번호	힌 트	번호	힌 트
□ 331	나는 동물원에서	□ 346	꽃과 채소는
□ 332	우체국은 이미	□ 347	네가 먼저 방을
□ 333	태양은 매우	□ 348	나는 언젠가 그곳을
□ 334	그러나, 그녀는 마음속으로	□ 349	그 건물은 벽돌로
□ 335	모퉁이에서 오른쪽으로	□ 350	박물관까지
□ 336	바람이 남쪽에서	□ 351	네 손으로
□ 337	오늘은	□ 352	나는 아침에 수프
□ 338	기계가 갑자기	□ 353	그는 농구 경기를
□ 339	차를 차고에	□ 354	그 연주회는
□ 340	그의 대답은 나를	□ 355	그 지친 새끼고양이는
□ 341	그것은 나쁜	□ 356	나는 바보같이
□ 342	그 배우는 매우	□ 357	우리는 나중에 다시
□ 343	아이들이 어젯밤	□ 358	아마도 우리는 내일
□ 344	나는 여기서 너를	□ 359	우주에는 많은
□ 345	저를 위해 이것을	□ 360	난 어젯밤에 잠을

여러분을 응원합니다 !

한글영어학습에 대해서 궁금한 점이 있다면
한글영어 공식카페로 질문해주세요.

한글영어 공식카페

🔍 https://cafe.naver.com/korchinese

모든 질문에 성심껏
답변을 드리도록 하겠습니다.

"한글발음을 읽을 때,
영어소리를 온몸으로 느낀다고 생각하며 읽는다"

ㅍ, ㄹ, ㅂ 는 각각 f, r, v 발음 표시
진한 발음은 강세 표시

25 ^{일차}

361 - 375

번호	단어발음	문장발음
☐ 361	썬	• 더 썬 이즈 어 **베리** 빅 스따:r.
☐ 362	스멜	• 더즈 디쓰 주레쓰 스멜 배드?
☐ 363	**스**떼이션	• 웨어r 이즈 더 추레인 **스**떼이션?
☐ 364	**쏘**울줘r	• 쏘울줘r 프러텍(트) 더 **컨**추리.
☐ 365	**스**떠디	• 아이 닏: 투 **스**떠디 **매**쓰 모어r.
☐ 366	고울드	• 더 **네**끌러쓰 워즈 메이드 오브 고울드.
☐ 367	테이스트	• 캔 아이 테이슽 더 쑤웊?
☐ 368	볼:	• 더 킹 쓰로 더 볼:.
☐ 369	**파**우더r	• 히 그라운(드) 더 라이쓰 인투 파우더r.
☐ 370	**리**쓴	• **리**쓴 투 마이 어드**바**이쓰 케어r플리.
☐ 371	쿡	• 히 러브드 투 쿡 풔r 히즈 썬.
☐ 372	**언**더r	• 더 배스킽 워즈 **언**더r 더 테이블.
☐ 373	**코**:스트	• 하우 머취 더즈 디쓰 데쓱 코:스트?
☐ 374	**애**주레쓰	• 댈 워즈 더 롱: **애**주레쓰.
☐ 375	크라이	• **피**:쁠 크라이 웬 데이 아r 쌔드.

번호	단어의미	문장의미
□ 361	태양	· 태양은 매우 큰 별이다.
□ 362	냄새나다	· 이 드레스에서 나쁜 냄새가 나나요?
□ 363	역	· 기차역이 어디에 있나요?
□ 364	군인	· 군인들이 국가를 지킨다.
□ 365	공부하다	· 나는 수학을 더 공부할 필요가 있다.
□ 366	금	· 그 목걸이는 금으로 만들어졌다.
□ 367	맛보다	· 제가 수프를 맛봐도 될까요?
□ 368	공	· 아이가 공을 던졌다.
□ 369	가루	· 그는 쌀을 가루로 빻았다.
□ 370	듣다	· 내 충고를 주의 깊게 들어라.
□ 371	요리하다	· 그는 아들을 위해 요리하는 것을 좋아했다.
□ 372	~의 밑에	· 그 바구니는 탁자 밑에 있었다.
□ 373	비용이 들다	· 이 책상은 비용이 얼마인가요?
□ 374	주소	· 그것은 잘못된 주소였다.
□ 375	울다	· 사람들은 슬플 때 운다.

26 일차

376 - 390

번 호	단어발음	문장발음
□ 376	이**벤**트	· 월 카인드 오브 이**벤**트 이즈 잍?
□ 377	기브	· 히 게입 미 **썸**띵 투 잍:.
□ 378	웬	· 웬 아r 위 리:빙?
□ 379	킬	· 도운(트) 킬 더 영 디어r.
□ 380	워:r크	· 데이 해브 투 워:r크 하:r더r.
□ 381	팰러쓰	· 월 어 **뷰**:리플 팰러쓰!
□ 382	레그	· 더 **테**이블 렉 이즈 **쉐**이끼.
□ 383	**매**너r	· 히 해즈 노우 **매**너r즈 앹 올:.
□ 384	어**고**우	· 히 어**라**이브드 파이브 미니츠 어**고**우.
□ 385	**베**러r	· 위취 두 유 라잌 **베**러r?
□ 386	**핑**거r	· 아이 컽 마이 **핑**거r 위드 어 나이프.
□ 387	**마**더r	· 허r **마**더r 이즈 **베**리 카인드.
□ 388	익**쓰**플레인	· 캔 유 익**쓰**플레인 유어r 플랜 투 미?
□ 389	**해**삐	· 아이 필: 해삐 웬 아이 **리**쓴 투 **뮤**:직.
□ 390	클래쓰	· 아이 워즈 레잍 퍼r 클래쓰 디쓰 애프터r**눈**:.

번호	단어의미	문장의미
□ 376	행사	· 그것은 어떤 종류의 행사인가요?
□ 377	주다	· 그는 나에게 먹을 것을 주었다.
□ 378	언제	· 우리는 언제 떠날 건가요?
□ 379	죽이다	· 그 어린 사슴을 죽이지 마라.
□ 380	일하다	· 그들은 더 열심히 일해야만 한다.
□ 381	궁전	· 얼마나 아름다운 궁전인가!
□ 382	다리	· 책상의 다리가 흔들거린다.
□ 383	예절	· 그는 예절이라고는 전혀 없다.
□ 384	~전에	· 그는 5분 전에 도착했다.
□ 385	더 많이	· 어느 것을 더 많이 좋아합니까?
□ 386	손가락	· 나는 칼로 손가락을 베었다.
□ 387	어머니	· 그녀의 어머니는 매우 친절하다.
□ 388	설명하다	· 당신의 계획을 나에게 설명해 줄 수 있나요?
□ 389	행복한	· 나는 음악을 들을 때 행복하게 느낀다.
□ 390	수업	· 나는 오늘 오후 수업에 늦었다.

27 일차

391 - 405

번호	단어발음	문장발음
□ 391	**쉐**도우	· 쉬 이즈 루낑 앹 허r **쉐**도우.
□ 392	쎄이브	· 히 쎄이브드 메니 **피:쁠.**
□ 393	**스**노우맨	· 두 유 원:(트) 투 빌드 어 **스**노우맨?
□ 394	호울	· 아이 에잍 더 호울 케잌 바이 마이쎌프.
□ 395	**페**일	· 히 **페**일(드) 투 패쓰 더 테스트.
□ 396	**닥:**떠r	· 더 **닥:**떠r 윌 씨: 유 나우.
□ 397	**와:**쉬	· **와:**쉬 유어r 핸즈 퍼:r스트.
□ 398	게스트	· 쉬 이즈 어 게스트 인 아워r 하우쓰.
□ 399	웨이	· 쑈우 미 더 웨이 투 더 **라**이브레리.
□ 400	띤	· 컽 더 퍼**테**이도우즈 인투 띤 슬라이시스.
□ 401	**스**추로:베리	· 더 **스**추로:베리 이즈 레드 앤(드) 스윝.
□ 402	펄리:쓰 오:피써r	· 더 펄리:쓰 오:피써r 파운드 어 클루:.
□ 403	리**턴:**	· 도운(트) 퍼r겥 투 리**턴:** 더 붘.
□ 404	**올:**웨이즈	· 아이 윌 **올:**웨이즈 러 뷰.
□ 405	헌트	· 히 헌틷 인 더 **포:**레스트 라:스트 나잍.

번호	단어의미	문장의미
☐ 391	**그림자**	· 그녀는 그녀 그림자를 보고 있다.
☐ 392	구하다	· 그는 많은 사람을 구했다.
☐ 393	**눈사람**	· 당신은 눈사람을 만들고 싶나요?
☐ 394	전부의	· 나는 혼자서 케이크 전부를 먹었다.
☐ 395	**실패하다**	· 그는 시험을 통과하는 데 실패했다.
☐ 396	의사	· 이제 의사가 너를 진찰할 것이다.
☐ 397	**씻다**	· 먼저 손을 씻으세요.
☐ 398	손님	· 그녀는 우리 집의 손님이다.
☐ 399	**길**	· 도서관에 가는 길 좀 알려주세요.
☐ 400	얇은	· 감자를 얇은 조각으로 잘라주세요.
☐ 401	**딸기**	· 딸기는 빨갛고 달콤하다.
☐ 402	경찰관	· 경찰관이 단서를 찾았다.
☐ 403	**돌려주다**	· 책을 돌려주는 것을 잊지 마라.
☐ 404	항상	· 나는 항상 당신을 사랑할 겁니다.
☐ 405	**사냥하다**	· 그는 어젯밤 숲에서 사냥했다.

28 일차

406 - 420

번 호	단어발음	문장발음
☐ 406	**올:쏘우**	· 아이 **올:쏘우** 해브 투 리:브 나우.
☐ 407	**추래블**	· 해브 유 **에버**r **추래블**(드) 투 코**리:**아?
☐ 408	**고울**	· 이즈 디쓰 어 쉽: 오:어r 어 **고울**?
☐ 409	**타월**	· 유즈 더 **타월** 투 주라이 유어r 헤어r.
☐ 410	**컽**	· 쉬 컽 더 **페**이**뻐**r 위드 **씨**저r즈.
☐ 411	**풀**	· 히 **풀**(드) 더 도어r **오**우쁜.
☐ 412	**씨티**	· **쏘**울 이즈 어 **뷰:**리플 씨티.
☐ 413	**캄:**	· 플리:즈 리**메**인 캄: 퍼:r 어 **모**우멘트.
☐ 414	**프린쓰**	· 더 프**린**쓰 윌 비 킹 **썸**데이.
☐ 415	**벝**	· 잍 이즈 **씸**플 벝 낱 이:지.
☐ 416	**힐**	· 레츠 고우 투 더 탚 어브 더 힐.
☐ 417	**썸**	· 썸 피:쁠 워r 룬: 투 힘.
☐ 418	**프레**셔r	· 더 프**레**셔r 이즈 **하**이어r 언더r**워:**러r.
☐ 419	**루:프**	· 히 픽쓰(트) 더 **루:**프 어브 마이 하우쓰.
☐ 420	**워:리**	· 도운(트) **워:**리 투: 머취 어바웉 더 **퓨:**춰r

번호	단어의미	문장의미
☐ 406	또한	· 나 또한 지금 떠나야만 한다.
☐ 407	여행하다	· 한국에 여행 가본 적 있나요?
☐ 408	염소	· 이것은 양인가요 또는 염소인가요?
☐ 409	수건	· 머리를 말리는 데 수건을 사용하세요.
☐ 410	자르다	· 그녀는 가위로 종이를 잘랐다.
☐ 411	당기다	· 그는 문을 당겨서 열었다.
☐ 412	도시	· 서울은 아름다운 도시입니다.
☐ 413	조용한	· 잠시 동안 조용히 계세요.
☐ 414	왕자	· 왕자는 언젠가 왕이 될 것이다.
☐ 415	그러나	· 그것은 간단하지만 쉽지는 않다.
☐ 416	언덕	· 언덕 꼭대기로 가자.
☐ 417	몇몇	· 몇몇 사람들은 그에게 무례했다.
☐ 418	압력	· 압력은 물속에서 더 높다.
☐ 419	지붕	· 그는 우리 집 지붕을 고쳤다.
☐ 420	걱정하다	· 미래에 대해서 너무 걱정하지 마라.

29 일차

421 - 435

번 호	단어발음	문장발음
□ 421	**보운**	· 히 쓰루 어 보운 투 히즈 독:.
□ 422	스**토:**리	· 히 토울(드) 더 **췰**드런 어 스**토:**리.
□ 423	스**따:**r	· 더 스**따:**r 이즈 **베**리 브라잍 인 더 스까이.
□ 424	푿	· 아이 풑 더 붘 온 마이 데스크.
□ 425	**바**이씨클	· 아이 라이드 마이 **바**이씨클 투 워:r크.
□ 426	**써**든리	· 아이 **써**든리 펠트 **베**리 타이어r드.
□ 427	**페**이머쓰	· 쉬 이즈 어 **페**이머쓰 **액**추레쓰.
□ 428	바인드	· 도운(트) 바인(드) 더 박쓰 위드 어 스추링.
□ 429	헤드	· 히 무:브드 히즈 헤드 엎 앤(드) 다운.
□ 430	케어r	· **캐**리 더 박쓰 위드 케어r.
□ 431	크**라**운	· 히 풑 더 크**라**운 온 히즈 헤드.
□ 432	**덴**티스트	· 더 **덴**티스트 필쓰트 마이 투:쓰.
□ 433	**킥**	· 히 킥(트) 더 볼: 하:r드.
□ 434	톡:	· 두 유 해브 타임 투 톡: 나우?
□ 435	**쇼:**r트	· 쉬 해즈 숄:r 브**라**운 헤어r.

번 호	단어의미	문장의미
☐ 421	뼈	· 그는 자신의 개에게 뼈를 던져주었다.
☐ 422	이야기	· 그는 아이들에게 이야기를 들려주었다.
☐ 423	별	· 별이 하늘에서 매우 빛난다.
☐ 424	놓다	· 나는 책상 위에 그 책을 놓았다.
☐ 425	자전거	· 나는 자전거를 타고 직장에 간다.
☐ 426	갑자기	· 나는 갑자기 매우 피곤함을 느꼈다.
☐ 427	유명한	· 그녀는 유명한 여배우이다.
☐ 428	묶다	· 상자를 끈으로 묶지 마라.
☐ 429	머리	· 그는 위아래로 머리를 움직였다.
☐ 430	주의	· 상자를 주의해서 옮겨라.
☐ 431	왕관	· 그는 머리에 왕관을 썼다.
☐ 432	치과의사	· 치과의사가 내 치아를 치료했다.
☐ 433	차다	· 그는 공을 세게 찼다.
☐ 434	말하다	· 당신은 지금 말할 시간이 있나요?
☐ 435	짧은	· 그녀는 짧은 갈색 머리를 가지고 있다.

30 ^{일차}

436 - 450

번호	단어발음	문장발음
☐ 436	**이:브닝**	· 아임 고잉 아웉 디쓰 **이:브닝**.
☐ 437	**샤:r프**	· 디스 나이프 이즈 **베리** 샤:r프.
☐ 438	**파워r**	· 히 해즈 더 **파워r** 투 **파이어r** 유.
☐ 439	**맨**	· 댙 **맨** 이즈 쇼:r터r 댄 미.
☐ 440	**웨더r**	· 하우 이즈 더 **웨더r** 투데이?
☐ 441	**애쁠**	· 디 **애쁠** 워즈 **주:**씨 앤(드) 스윝:.
☐ 442	**와이프**	· 쉬 워즈 보우쓰 어 와이프 앤 어 **마더r**.
☐ 443	**예스터r데이**	· 아이 미쓰트 마이 클래쓰 **예스터r데이**.
☐ 444	**스땁**	· 히 스땁트 **리:**딩 더 붘.
☐ 445	**어니언**	· 쉬 풑 **어니언**즈 온 더 브레드.
☐ 446	**투:쓰**	· 아이 해브 어 투:쓰 댙 **위**글즈.
☐ 447	**아이**	· 더 보이 이즈 터칭 히즈 아이.
☐ 448	**파일럳**	· 더 **파일럳** 플루: 더 플레인.
☐ 449	**씽어r**	· 히 워즈 어 **페**이머쓰 씽어r.
☐ 450	**하스삐를**	· 쉬 니즈 투 고우 투 더 **하스삐를**.

번 호	단어의미	문장의미
☐ 436	저녁	· 나는 오늘 저녁에 외출할 것이다.
☐ 437	날카로운	· 이 칼은 매우 날카롭다.
☐ 438	힘	· 그는 너를 해고할 힘이 있다.
☐ 439	남자	· 저 남자는 나보다 키가 작다.
☐ 440	날씨	· 오늘 날씨는 어떤가요?
☐ 441	사과	· 사과는 즙이 많고 달콤했다.
☐ 442	아내	· 그녀는 아내이자 엄마였다.
☐ 443	어제	· 나는 어제 수업에 빠졌다.
☐ 444	멈추다	· 그는 책 읽는 것을 멈췄다.
☐ 445	양파	· 그녀는 빵 위에 양파를 얹었다.
☐ 446	치아	· 나는 흔들리는 치아가 있다.
☐ 447	눈	· 그 소년은 눈을 만지고 있었다.
☐ 448	조종사	· 그 조종사는 비행기를 조종했다.
☐ 449	가수	· 그는 유명한 가수였다.
☐ 450	병원	· 그녀는 병원에 갈 필요가 있다.

번호	힌 트	번호	힌 트
□ 361	더 썬 이즈 어 **베**리	□ 376	윝 카인드 오브
□ 362	더즈 디쓰 주레쓰	□ 377	히 게입 미
□ 363	웨어r 이즈 더 추레인	□ 378	웬 아r 위
□ 364	쏘울줘r 프러**텍**(트)	□ 379	도운(트) 킬 더
□ 365	아이 닏: 투 **스**떠디	□ 380	데이 해브 투
□ 366	더 **네**끌러쓰 워즈	□ 381	윝 어 **뷰:**리플
□ 367	캔 아이 테이슬	□ 382	더 **테**이블 렉
□ 368	더 킫 쓰로	□ 383	히 해즈 노우
□ 369	히 그**라**운(드) 더 **라**이쓰	□ 384	히 어**라**이브드 파이브
□ 370	**리**쓴 투 마이	□ 385	위춰 두 유
□ 371	히 러브드 투 쿸	□ 386	아이 컽 마이 **핑거**r
□ 372	더 배스킫 워즈	□ 387	허r **마**더r 이즈
□ 373	하우 머취 더즈	□ 388	캔 유 익**쓰**플레인
□ 374	댙 워즈 더	□ 389	아이 **필:** 해삐
□ 375	**피:**쁠 크**라**이	□ 390	아이 워즈 레잍

번호	힌 트	번호	힌 트
□ 391	쉬 이즈 루낑	□ 406	아이 **올:**쏘우 해브
□ 392	히 쎄이브드	□ 407	해브 유 **에버**r **추래블**(드)
□ 393	두 유 원:(트) 투	□ 408	이즈 디쓰 어 쉽:
□ 394	아이 에잍 더 호울 케잌	□ 409	유즈 더 **타월** 투
□ 395	히 페일(드) 투 패쓰	□ 410	쉬 컽 더 **페**이뻐r
□ 396	더 **닼:**떠r 윌	□ 411	히 풀(드) 더 도어r
□ 397	와:쉬 유어r 핸즈	□ 412	**쏘**울 이즈 어
□ 398	쉬 이즈 어 게스트	□ 413	플리:즈 리**메**인 캄:
□ 399	쑈우 미 더 웨이	□ 414	더 프**린**쓰 윌 비
□ 400	컽 더 퍼**테**이도우즈	□ 415	잍 이즈 **씸**플
□ 401	더 **스추로:**베리 이즈	□ 416	레츠 고우 투 더
□ 402	더 펄리:쓰 **오:**피쎠r	□ 417	썸 **피:**쁠 워r **룸:**
□ 403	도운(트) 퍼r**겥**	□ 418	더 프**레**셔r 이즈
□ 404	아이 윌 **올:**웨이즈	□ 419	히 필쓰(트) 더 **루:**프
□ 405	히 헌틷 인 더 **포:**레스트	□ 420	도운(트) **워:**리 투: 머취

번호	힌 트	번호	힌 트
☐ 421	히 쓰루 어 보운	☐ 436	아임 고잉 아웉
☐ 422	히 토울(드) 더 **췰드런**	☐ 437	디스 나이프 이즈
☐ 423	더 스따r 이즈 **베**리 브라잍	☐ 438	히 해즈 더 **파워**r
☐ 424	아이 풑 더 붘	☐ 439	댙 맨 이즈
☐ 425	아이 **라**이드 마이	☐ 440	하우 이즈 더 **웨**더r
☐ 426	아이 **써**든리 펠트	☐ 441	디 **애**쁠 워즈 **주:**씨
☐ 427	쉬 이즈 어 **페**이머쓰	☐ 442	쉬 워즈 보우쓰
☐ 428	도운(트) 바인(드) 더 박쓰	☐ 443	아이 미쓰트 마이
☐ 429	히 무:브드 히즈	☐ 444	히 스땊트 **리:**딩
☐ 430	**캐**리 더 박쓰	☐ 445	쉬 풀 **어**니언즈
☐ 431	히 풑 더 크라운	☐ 446	아이 해브 어 투:쓰
☐ 432	더 **덴**티스트 필쓰트	☐ 447	더 보이 이즈 터칭
☐ 433	히 킥(트) 더 볼:	☐ 448	더 **파**일럳 플루:
☐ 434	두 유 해브 타임	☐ 449	히 워즈 어
☐ 435	쉬 해즈 숱:r	☐ 450	쉬 니즈 투 고우

25~26 일차 리뷰

번호	힌트	번호	힌트
☐ 361	태양은 매우	☐ 376	그것은 어떤 종류의
☐ 362	이 드레스에서	☐ 377	그는 나에게
☐ 363	기차역이	☐ 378	우리는 언제
☐ 364	군인들이	☐ 379	그 어린 사슴을
☐ 365	나는 수학을 더	☐ 380	그들은 더 열심히
☐ 366	그 목걸이는	☐ 381	얼마나 아름다운
☐ 367	제가 수프를	☐ 382	책상의 다리가
☐ 368	아이가 공을	☐ 383	그는 예절이라고는
☐ 369	그는 쌀을 가루로	☐ 384	그는 5분 전에
☐ 370	내 충고를	☐ 385	어느 것을 더 많이
☐ 371	그는 아들을 위해	☐ 386	나는 칼로 손가락을
☐ 372	그 바구니는	☐ 387	그녀의 어머니는
☐ 373	이 책상은 비용이	☐ 388	당신의 계획을 나에게
☐ 374	그것은 잘못된	☐ 389	나는 음악을 들을 때
☐ 375	사람들은 슬플 때	☐ 390	나는 오늘 오후

번호	힌 트	번호	힌 트
☐ 391	그녀는 그녀 그림자를	☐ 406	나 또한 지금
☐ 392	그는 많은 사람을	☐ 407	한국에 여행 가본
☐ 393	당신은 눈사람을	☐ 408	이것은 양인가요
☐ 394	나는 혼자서	☐ 409	머리를 말리는 데
☐ 395	그는 시험을 통과하는 데	☐ 410	그녀는 가위로
☐ 396	이제 의사가 너를	☐ 411	그는 문을 당겨서
☐ 397	먼저 손을	☐ 412	서울은 아름다운
☐ 398	그녀는 우리 집의	☐ 413	잠시 동안 조용히
☐ 399	도서관에 가는 길	☐ 414	왕자는 언젠가
☐ 400	감자를 얇은	☐ 415	그것은 간단하지만
☐ 401	딸기는 빨갛고	☐ 416	언덕 꼭대기로
☐ 402	경찰관이	☐ 417	몇몇 사람들은
☐ 403	책을 돌려주는 것을	☐ 418	압력은 물속에서
☐ 404	나는 항상 당신을	☐ 419	그는 우리 집 지붕을
☐ 405	그는 어젯밤 숲에서	☐ 420	미래에 대해서

번호	힌 트	번호	힌 트
☐ 421	그는 자신의 개에게	☐ 436	나는 오늘 저녁에
☐ 422	그는 아이들에게	☐ 437	이 칼은 매우
☐ 423	별이 하늘에서	☐ 438	그는 너를 해고할
☐ 424	나는 책상 위에	☐ 439	저 남자는 나보다
☐ 425	나는 자전거를	☐ 440	오늘 날씨는
☐ 426	나는 갑자기 매우	☐ 441	사과는 즙이 많고
☐ 427	그녀는 유명한	☐ 442	그녀는 아내이자
☐ 428	상자를 끈으로	☐ 443	나는 어제 수업에
☐ 429	그는 위아래로	☐ 444	그는 책 읽는 것을
☐ 430	상자를 주의해서	☐ 445	그녀는 빵 위에
☐ 431	그는 머리에	☐ 446	나는 흔들리는
☐ 432	치과의사가 내	☐ 447	그 소년은 눈을
☐ 433	그는 공을 세게	☐ 448	그 조종사는 비행기를
☐ 434	당신은 지금 말할	☐ 449	그는 유명한
☐ 435	그녀는 짧은 갈색	☐ 450	그녀는 병원에 갈

여러분을 응원합니다 !

한글영어학습에 대해서 궁금한 점이 있다면
한글영어 공식카페로 질문해주세요.

한글영어 공식카페

🔍 https://cafe.naver.com/korchinese

모든 질문에 성심껏
답변을 드리도록 하겠습니다.

"한글발음을 읽을 때,
영어소리를 온몸으로 느낀다고 생각하며 읽는다"
ㅍ, ㄹ, ㅂ 는 각각 f, r, v 발음 표시
진한 발음은 강세 표시

451 - 465

번 호	단어발음	문장발음
□ 451	디어r	• 어 **라**이언 이즈 **헌**팅 어 디어r.
□ 452	크로:쓰	• 위 캔 크로:쓰 더 스추릳: 나우.
□ 453	유:즈	• 캔 아이 유즈 유어r 포운?
□ 454	배쓰룸:	• 아이 워즈 테이킹 어 **샤**워r 인 더 **배**쓰룸:.
□ 455	스튜:쁰	• 잍 워즈 어 스**튜**:쁰 디**씨**줜.
□ 456	에브리:	• 더 스톰: 디스추로이드 에브리 하우쓰.
□ 457	스몰:	• 마이쓰 아r 스몰: **애**니멀즈.
□ 458	스포:r트	• 윁 스폴:r 두 유 라잌?
□ 459	디피컬트	• 댙 테스트 워즈 **베**리 **디**피컬트.
□ 460	래프	• 딛 히 래프 앹 유어r 조우크?
□ 461	써퍼r	• 윁 디 쥬 잍 퍼r **써**퍼r?
□ 462	탚	• 위 **리**:취(트) 더 탚 어브 더 **마**운튼.
□ 463	베이쓰	• 레츠 풑 더 플라워r즈 인 어 베이쓰.
□ 464	팜:	• 히 스뻰(트) 더 **써**머r 온 어 팜:.
□ 465	스테이쥐	• 후 이즈 댙 **워**먼 온 스테이쥐?

번호	단어의미	문장의미
☐ 451	사슴	· 사자가 사슴을 사냥하고 있다.
☐ 452	건너다	· 우리는 이제 길을 건널 수 있다.
☐ 453	사용하다	· 제가 전화기를 좀 사용해도 될까요?
☐ 454	욕실	· 나는 욕실에서 샤워하고 있었다.
☐ 455	어리석은	· 그것은 어리석은 결정이었다.
☐ 456	모든	· 폭풍이 모든 집을 부숴버렸다.
☐ 457	작은	· 쥐는 작은 동물이다.
☐ 458	운동	· 당신은 무슨 운동을 좋아하나요?
☐ 459	어려운	· 그 시험은 매우 어려웠다.
☐ 460	웃다	· 그가 당신의 농담에 웃었나요?
☐ 461	저녁	· 당신은 저녁으로 무엇을 먹었나요?
☐ 462	정상	· 우리는 산 정상에 도달했다.
☐ 463	꽃병	· 꽃을 꽃병에 꽂읍시다.
☐ 464	농장	· 그는 농장에서 여름을 보냈다.
☐ 465	무대	· 무대 위의 저 여자는 누구인가요?

32 일차

466 - 480

번호	단어발음	문장발음
☐ 466	스마일	· 쉬 스마일즈 웬 쉬즈 **해**삐.
☐ 467	**다:**r크	· 더 케이브 이즈 쏘우 **다:**r크 댈 아이 캔트 씨:.
☐ 468	라이	· 더 촤일드 라이(드) 투 매니 **피:**쁠.
☐ 469	스**타**r피쉬	· 히 쏘: 언 **오:**린쥐 스**타**r피쉬.
☐ 470	**아:**r미	· 디 **아:**r미 어**택**(트) 더 **씨**티.
☐ 471	코:r쓰	· 더 쉽쓰 코:r쓰 워즈 올:**레**디 쎝.
☐ 472	**믹**쓰	· 믹쓰 디 인그**리:**디언츠 웰.
☐ 473	브레이크	· 도운(트) 브레잌 더 브랜취.
☐ 474	**프리:**	· 필: 프리: 투 애슥 크**웨**스쳔즈.
☐ 475	쏘:프트	· 더 **필**로우 워즈 **베리** 쏘:프트.
☐ 476	**톨:**	· 더 쥐**래**프 이즈 **베리** 톨:.
☐ 477	**미**러r	· 히 룩트 인 더 **미**러r.
☐ 478	스네이크	· 데어r 이즈 어 스네이크 인 더 그**래**쓰.
☐ 479	로우	· 마이 매쓰 그레이즈 아r **베리** 로우.
☐ 480	순:	· 히 윌 어**라**이브 호움 순:.

| --- | --- | --- |
☐ 466	웃다	· 그녀는 행복할 때 웃는다.
☐ 467	어두운	· 동굴이 너무 어두워서 나는 볼 수가 없다.
☐ 468	거짓말하다	· 그 아이는 많은 사람에게 거짓말을 했다.
☐ 469	불가사리	· 그는 주황색 불가사리를 보았다.
☐ 470	군대	· 군대가 도시를 공격했다.
☐ 471	진로	· 그 배의 진로는 이미 정해졌다.
☐ 472	섞다	· 재료를 잘 섞어라.
☐ 473	부수다	· 나뭇가지를 부러뜨리지 마라.
☐ 474	자유로운	· 자유롭게 질문하세요.
☐ 475	부드러운	· 그 베개는 매우 부드러웠다.
☐ 476	키 큰	· 기린은 매우 키가 크다.
☐ 477	거울	· 그는 거울을 보았다.
☐ 478	뱀	· 풀밭에 뱀 한 마리가 있다.
☐ 479	낮은	· 내 수학 성적은 매우 낮다.
☐ 480	곧	· 그는 곧 집에 도착할 것이다.

33 _{일차}

481 - 495

번호	단어발음	문장발음
☐ 481	**추래**쉬 캔	· 쓰로우 더 **페이**빠r 인 더 **추래**쉬 캔.
☐ 482	테이블	· 더 보울 이즈 온 더 테이블.
☐ 483	**촤**이나	· **촤**이나 이즈 어 라:r쥐 **컨추**리.
☐ 484	**붘**스또어r	· 레츠 고우 투 더 **붘**스또어r.
☐ 485	브레인	· 히 해즈 브레인 **대**미쥐.
☐ 486	글로:리	· 인조이 유어r **모**우멘트 어브 글로:리.
☐ 487	**더**스트	· 히즈 슈:즈 워r **커**버r드 위드 더스트.
☐ 488	로:이어	· 쉬 원:츠 투 톡: 투 더 로:이어.
☐ 489	**액**씨든트	· 히 같 인 어 카:r **액**씨든트.
☐ 490	**피**기 뱅크	· 히 쎄이브드 **머**니 인 어 **피**기 뱅크.
☐ 491	**웜**:	· 더 파이 워즈 스띨 웜:.
☐ 492	**네**이춰r	· 쉬 라잌스 **하**이킹 인 네이춰r.
☐ 493	**워**:러r폴:	· 더 **워**:러r폴: 이즈 **베**리 하이.
☐ 494	이:즐리	· 히 원 더 **칸**테스트 이:즐리.
☐ 495	레이쓰	· 더 **래**빝 앤(드) **터**:r들 핻 어 레이쓰.

번호	단어의미	문장의미
☐ 481	쓰레기통	· 종이를 쓰레기통에 던져라.
☐ 482	탁자	· 그릇이 탁자 위에 있다.
☐ 483	중국	· 중국은 큰 나라다.
☐ 484	서점	· 서점에 가자.
☐ 485	뇌	· 그는 뇌 손상을 입고 있다.
☐ 486	영광	· 너의 영광의 순간을 즐겨라.
☐ 487	먼지	· 그의 구두는 먼지로 뒤덮였다.
☐ 488	변호사	· 그녀는 그 변호사에게 이야기하고 싶어 한다.
☐ 489	사고	· 그는 자동차 사고를 당했다.
☐ 490	저금통	· 그는 돼지 저금통에 돈을 저축했다.
☐ 491	따뜻한	· 파이는 아직 따뜻했다.
☐ 492	자연	· 그녀는 자연에서 하이킹하는 것을 좋아한다.
☐ 493	폭포	· 그 폭포는 매우 높다.
☐ 494	쉽게	· 그는 그 대회를 쉽게 이겼다.
☐ 495	달리기 시합	· 토끼와 거북이는 달리기 시합을 했다.

34 일차

번호	단어발음	문장발음
□ 496	투**나**잍	· 아이 핸 어 **원**더r플 타임 투**나**잍.
□ 497	**네**끌리쓰	· 히 볼: 허r 어 **씰**버r **네**끌리쓰.
□ 498	**하**비	· 히즈 **페**이버맅 **하**비 이즈 **피**슁.
□ 499	썬	· 마이 썬 이즈 포어r 이어r즈 오울드.
□ 500	와이어r	· 아이 타읻 엎 더 펜쓰 위드 와이어r.
□ 501	스**떼**어r	· 위 **웤:**트 엎 더 스**떼**어r즈.
□ 502	**허**즈밴드	· 허r **허**즈밴드 이즈 어 **페**이머쓰 **닼**떠r.
□ 503	얼**라**이브	· 디 **인**쎅트 이즈 스틸 얼**라**이브.
□ 504	타이	· 유 슏 타이 유어r 슈:즈.
□ 505	좝	· 히 이즈 **이:**걸r리 루낑 퍼:r 어 좝.
□ 506	픽	· 픽 어 **넘**버r 프럼 원 투 텐.
□ 507	리스트	· 아이 니:드 어 리스트 어브 더 네임즈.
□ 508	**크**와이엍	· 플리:즈 비 **크**와이엍 인 더 **라**이브레리.
□ 509	주로:	· 아이 원:(트) 투 주로: 어 **픽**춰r.
□ 510	**젠**틀맨	· 더 **젠**틀맨 헬프(트) 더 **레**이디.

번호	단어의미	문장의미
☐ 496	**오늘 밤**	· 나는 오늘 밤 멋진 시간을 보냈다.
☐ 497	목걸이	· 그는 그녀에게 은목걸이를 사주었다.
☐ 498	**취미**	· 그가 가장 좋아하는 취미는 낚시다.
☐ 499	아들	· 나의 아들은 4살이다.
☐ 500	**철사**	· 나는 철사로 울타리를 묶었다.
☐ 501	계단	· 우리는 계단을 걸어 올라갔다.
☐ 502	**남편**	· 그녀의 남편은 유명한 의사다.
☐ 503	살아있는	· 그 곤충은 아직 살아있다.
☐ 504	**묶다**	· 너는 신발을 묶어야 한다.
☐ 505	직업	· 그는 열심히 직업을 찾고 있다
☐ 506	**고르다**	· 1부터 10중에서 숫자 하나를 골라라.
☐ 507	목록	· 나는 이름 목록이 필요하다.
☐ 508	**조용한**	· 도서관에서 조용히 하세요.
☐ 509	그리다	· 나는 그림을 그리고 싶다.
☐ 510	**신사**	· 그 신사는 숙녀를 도왔다.

511 - 525

번 호	단어발음	문장발음
☐ 511	**니:드**	· 아이 **리:**얼리 니:드 유어r 헬프.
☐ 512	**아더r**	· 데어r 이즈 노우 **아더r** 웨이 나우.
☐ 513	**글래쓰**	· 더 **베**이쓰 이즈 메일 오브 글래쓰.
☐ 514	**비:프**	· 윌 두 유 원:트, 비:프 오:어r 피쉬?
☐ 515	**헌주렐**	· 더 **비**디오우 해즈 어 **헌**주렐 라잌쓰.
☐ 516	**씽**	· 레츠 씽 어 쏭: 나우.
☐ 517	**벌룬:**	· 더 레드 벌룬: 팦트 **써**든리.
☐ 518	**닠네임**	· **라**버r츠 **닠**네임 이즈 밥.
☐ 519	**독:**	· 더 독: 워즈 **베**리 쿹:.
☐ 520	**임포:r튼트**	· 이츠 어 **베**리 임포:r튼(트) **미:**링.
☐ 521	**아니스트**	· 히 이즈 **아**니스트 앤(드) 카인드.
☐ 522	**춰:r취**	· 데이 고우 투 춰:r취 온 **썬**데이즈.
☐ 523	**투와이쓰**	· 히 로스트 히즈 **월**렡 투와이쓰.
☐ 524	**추맆**	· 쉬 툭 어 추맆 투 오:스추**렐**리아.
☐ 525	**팔로우**	· **팔**로우 미. 아이 노우 더 웨이.

번호	단어의미	문장의미
□ 511	필요하다	· 정말로 너의 도움이 필요하다.
□ 512	다른	· 이제 다른 방법이 없다.
□ 513	유리	· 그 꽃병은 유리로 만들어졌다.
□ 514	쇠고기	· 당신은 쇠고기와 생선 중 무엇을 원하나요?
□ 515	100	· 그 비디오는 100개의 좋아요를 받았다.
□ 516	노래하다	· 지금부터 노래를 부르자.
□ 517	풍선	· 빨간 풍선이 갑자기 터졌다.
□ 518	별명	· 로버트의 별명은 밥이다.
□ 519	개	· 그 개는 매우 귀여웠다.
□ 520	중요한	· 그것은 매우 중요한 모임이다.
□ 521	정직한	· 그는 정직하고 친절하다.
□ 522	교회	· 그들은 일요일에 교회를 간다.
□ 523	두 번	· 그는 지갑을 두 번 잃어버렸다.
□ 524	여행	· 그녀는 호주로 여행을 갔다.
□ 525	따르다	· 나를 따라와라. 나는 길을 안다.

번 호	단어발음	문장발음
☐ 526	핑크	· 쉬 워:r 어 핑크 주레쓰.
☐ 527	클린:	· 더 디쉬즈 워r **베리** 클린:.
☐ 528	보울	· 위 웬(트) 투 더 **아**일랜드 바이 보울.
☐ 529	띵크	· 띵크 투와이쓰 비포r 유 액트.
☐ 530	어**멍**	· 히 워즈 더 톨:레스트 어**멍** 뎀.
☐ 531	**피**니쉬	· 아이 닏: 투 **피**니쉬 마이 워:r크.
☐ 532	슈어r	· 아r 유 슈어r 유 캔 고우?
☐ 533	엠티	· 디쓰 박쓰 이즈 컴플맅:리 **엠**티.
☐ 534	보어r드	· 더 스**튜:**든트 룩쓰 보어r드.
☐ 535	**써**브웨이	· 데이 툭 더 **써**브웨이 투 **쏘**울.
☐ 536	월:r드	· 아이 원:(트) 투 추래블 더 월:r드.
☐ 537	플라워r	· 쉬 풋 플**라**워즈 인 어 베이쓰.
☐ 538	**베**이비	· 더 **베**이비 이즈 크라잉 **라**우들리.
☐ 539	와이즈	· 히즈 그랜마더r 워즈 **베리** 와이즈.
☐ 540	햍	· 히 **올:**웨이즈 웨어r즈 어 스몰: 햍.

번호	단어의미	문장의미
□ 526	분홍색의	· 그녀는 분홍색 드레스를 입었다.
□ 527	깨끗한	· 접시들은 매우 깨끗했다.
□ 528	작은 배	· 우리는 작은 배를 타고 그 섬에 갔다.
□ 529	생각하다	· 행동하기 전에 두 번 생각해라.
□ 530	~ 사이에	· 그는 그들 중에서 가장 키가 컸다.
□ 531	끝내다	· 나는 내 일을 끝낼 필요가 있다.
□ 532	확신하는	· 당신은 갈 수 있다고 확신하나요?
□ 533	비어 있는	· 이 상자는 완전히 비어 있다.
□ 534	지루한	· 그 학생은 지루해 보인다.
□ 535	지하철	· 그들은 서울로 지하철을 탔다.
□ 536	세계	· 나는 세계를 여행하고 싶다.
□ 537	꽃	· 그녀는 꽃병에 꽃을 꽂았다.
□ 538	아기	· 아기가 큰 소리로 울고 있다.
□ 539	현명한	· 그의 할머니는 매우 현명했다.
□ 540	모자	· 그는 항상 작은 모자를 쓴다.

31~32 ^{리뷰}일차

번호	힌 트	번호	힌 트
☐ 451	어 **라**이언 이즈	☐ 466	쉬 스마일즈
☐ 452	위 캔 크로:쓰 더	☐ 467	더 케이브 이즈 쏘우
☐ 453	캔 아이 유즈	☐ 468	더 촤일드 라이(드)
☐ 454	아이 워즈 테이킹	☐ 469	히 쏘: 언 **오**:린쥐
☐ 455	잍 워즈 어 스**튜**:삩	☐ 470	디 **아**:r미 어택(트)
☐ 456	더 스톰: 디**스**추로이드	☐ 471	더 쉽쓰 코:r쓰 워즈
☐ 457	마이쓰 아r 스몰:	☐ 472	믹쓰 디 인그**리**:디언츠
☐ 458	윌 스폴:r 두	☐ 473	도운(트) 브레익
☐ 459	댈 테스트 워즈	☐ 474	필: 프**리**: 투 애슼
☐ 460	딛 히 래프 앹	☐ 475	더 **필**로우 워즈
☐ 461	윌 디 쥬 잍	☐ 476	더 쥐**래**프 이즈
☐ 462	위 **리**:취(트) 더 탚	☐ 477	히 뤀트 인
☐ 463	레츠 풀 더 플라워r즈	☐ 478	데어r 이즈 어 스네이크
☐ 464	히 스뻰(트) 더	☐ 479	마이 매쓰 그레이즈
☐ 465	후 이즈 댈 **워**먼	☐ 480	히 윌 어**라**이브

번호	힌 트	번호	힌 트
□ 481	쓰로우 더 **페**이뻐r	□ 496	아이 핸 어 **원**더r플
□ 482	더 보울 이즈 온	□ 497	히 볼: 허r 어 **씰버**r
□ 483	**촤**이나 이즈 어	□ 498	히즈 **페**이버릴
□ 484	레츠 고우 투	□ 499	마이 썬 이즈 포어r
□ 485	히 해즈 브레인	□ 500	아이 타일 엎 더 펜쓰
□ 486	인**조**이 유어r **모**우멘트	□ 501	위 **월:**트 엎
□ 487	히즈 슈:즈 워r **커버**r드	□ 502	허r **허**즈밴드 이즈
□ 488	쉬 원:츠 투 톡:	□ 503	디 **인**쎅트 이즈
□ 489	히 같 인 어	□ 504	유 슌 타이
□ 490	히 쎄이브드 **머**니	□ 505	히 이즈 **이:**걸r리
□ 491	더 파이 워즈	□ 506	픽 어 **넘**버r 프럼
□ 492	쉬 라잌스 **하**이킹	□ 507	아이 니:드 어 리스트
□ 493	더 **워:**러r폴: 이즈	□ 508	플리:즈 비 **크**와이엍
□ 494	히 원 더 **칸**테스트	□ 509	아이 원:(트) 투
□ 495	더 **래**빝 앤(드) **터:**r들	□ 510	더 **줴**틀맨 헬프(트)

번호	힌트	번호	힌트
☐ 511	아이 **리:**얼리 니:드	☐ 526	쉬 워:r 어
☐ 512	데어r 이즈 노우 **아더**r	☐ 527	더 디쉬즈 워r
☐ 513	더 <u>베</u>이쓰 이즈 메일	☐ 528	위 웬(트) 투 더
☐ 514	월 두 유 원:트, 비:<u>프</u>	☐ 529	띵크 투와이쓰
☐ 515	더 **비**디오우 해즈 어	☐ 530	히 워즈 더 톨:레스트
☐ 516	레츠 씽 어	☐ 531	아이 닏: 투 **피**니쉬
☐ 517	더 레드 벌<u>룬:</u>	☐ 532	아r 유 슈어r
☐ 518	**라**버r츠 <u>닉</u>네임	☐ 533	디쓰 박쓰 이즈
☐ 519	더 독: 워즈	☐ 534	더 스**튜:**든트 룩쓰
☐ 520	이츠 어 <u>베</u>리	☐ 535	데이 툭 더 **써**브웨이
☐ 521	히 이즈 **아**니스트	☐ 536	아이 원:(트) 투
☐ 522	데이 고우 투 춰:r취	☐ 537	쉬 풀 플라워r즈
☐ 523	히 로스트 히즈	☐ 538	더 **베**이비 이즈
☐ 524	쉬 툭 어 추맆 투	☐ 539	히즈 그**랜**마더r 워즈
☐ 525	**팔**로우 미.	☐ 540	히 올:웨이즈 웨어r즈

번호	힌 트	번호	힌 트
□ 451	사자가 사슴을	□ 466	그녀는 행복할 때
□ 452	우리는 이제 길을	□ 467	동굴이 너무 어두워서
□ 453	제가 전화기를 좀	□ 468	그 아이는 많은 사람에게
□ 454	나는 욕실에서	□ 469	그는 주황색 불가사리를
□ 455	그것은 어리석은	□ 470	군대가 도시를
□ 456	폭풍이 모든 집을	□ 471	그 배의 진로는
□ 457	쥐는 작은	□ 472	재료를 잘
□ 458	당신은 무슨 운동을	□ 473	나뭇가지를 부러뜨리지
□ 459	그 시험은 매우	□ 474	자유롭게
□ 460	그가 당신의 농담에	□ 475	그 베개는 매우
□ 461	당신은 저녁으로	□ 476	기린은 매우
□ 462	우리는 산 정상에	□ 477	그는 거울을
□ 463	꽃을 꽃병에	□ 478	풀밭에 뱀
□ 464	그는 농장에서	□ 479	내 수학 성적은
□ 465	무대 위의 저 여자는	□ 480	그는 곧 집에

번호	힌 트	번호	힌 트
☐ 481	종이를 쓰레기통에	☐ 496	나는 오늘 밤 멋진
☐ 482	그릇이 탁자	☐ 497	그는 그녀에게
☐ 483	중국은 큰	☐ 498	그가 가장 좋아하는
☐ 484	서점에	☐ 499	나의 아들은
☐ 485	그는 뇌 손상을	☐ 500	나는 철사로
☐ 486	너의 영광의	☐ 501	우리는 계단을 걸어
☐ 487	그의 구두는 먼지로	☐ 502	그녀의 남편은
☐ 488	그녀는 그 변호사에게	☐ 503	그 곤충은 아직
☐ 489	그는 자동차	☐ 504	너는 신발을
☐ 490	그는 돼지 저금통에	☐ 505	그는 열심히 직업을
☐ 491	파이는 아직	☐ 506	1부터 10중에서
☐ 492	그녀는 자연에서 하이킹하는	☐ 507	나는 이름 목록이
☐ 493	그 폭포는	☐ 508	도서관에서 조용히
☐ 494	그는 그 대회를	☐ 509	나는 그림을
☐ 495	토끼와 거북이는	☐ 510	그 신사는 숙녀를

35~36 일차 리뷰

번호	힌 트	번호	힌 트
☐ 511	정말로 너의	☐ 526	그녀는 분홍색
☐ 512	이제 다른 방법이	☐ 527	접시들은 매우
☐ 513	그 꽃병은 유리로	☐ 528	우리는 작은 배를
☐ 514	당신은 쇠고기와	☐ 529	행동하기 전에
☐ 515	그 비디오는 100개의	☐ 530	그는 그들 중에서
☐ 516	지금부터	☐ 531	나는 내 일을 끝낼
☐ 517	빨간 풍선이	☐ 532	당신은 갈 수 있다고
☐ 518	로버트의 별명은	☐ 533	이 상자는 완전히
☐ 519	그 개는 매우	☐ 534	그 학생은 지루해
☐ 520	그것은 매우 중요한	☐ 535	그들은 서울로
☐ 521	그는 정직하고	☐ 536	나는 세계를
☐ 522	그들은 일요일에	☐ 537	그녀는 꽃병에
☐ 523	그는 지갑을 두 번	☐ 538	아기가 큰 소리로
☐ 524	그녀는 호주로	☐ 539	그의 할머니는
☐ 525	나를 따라와라.	☐ 540	그는 항상 작은

여러분을 응원합니다 !

한글영어학습에 대해서 궁금한 점이 있다면
한글영어 공식카페로 질문해주세요.

한글영어 공식카페

🔍 https://cafe.naver.com/korchinese

모든 질문에 성심껏
답변을 드리도록 하겠습니다.

"한글발음을 읽을 때,
영어소리를 온몸으로 느낀다고 생각하며 읽는다"

ㅍ, ㄹ, ㅂ 는 각각 f, r, v 발음 표시
진한 발음은 강세 표시

37 일차

541 - 555

번 호	단어발음	문장발음
□ 541	**마:r킬**	· 아이 웬(트) 투 더 **마:r킬** 위드 마이 프<u>렌</u>드.
□ 542	쥠	· 쉬 월:r쓰 아웉 앹 어 쥠 에<u>브리</u>데이.
□ 543	플<u>로</u>어r	· 더 플<u>로</u>어r 워즈 코울드 앤(드) 슬<u>리</u>뻐리.
□ 544	**써**머r	· **써**머r 이즈 핱 벝 **윈**터r 이즈 코울드.
□ 545	위:크	· 잍 툭 미 어 윜: 투 **피**니쉬 마이 **호**움워:r크.
□ 546	추<u>리:</u>	· 도운(트) 클라임 엎 댙 추<u>리</u>:.
□ 547	**쏠**:트	· 이:링 투: 머취 쏠:트 이즈 언**헬**띠.
□ 548	필:	· 아이 펠(트) 타이어r드 **애**프터r 테이킹 어 워:r크
□ 549	스코어r	· 더 스코어r 워즈 **파**이널리 타이드.
□ 550	피:쓰	· 위 올: 원:트 피:쓰 온 어:r쓰.
□ 551	**라**이언	· 더 **라**이언 로어r드 **라**우들리.
□ 552	고우	· 레츠 고우 투 더 스토어r 투**마**:<u>로</u>우.
□ 553	슈:	· 더 슈:즈 도운(트) 핕 마이 핕:.
□ 554	쎈드	· 아이 해<u>브</u> 투 쎈드 어 **패**키쥐.
□ 555	패쓰	· 윌 유 패쓰 미 더 **슈**거r?

번 호	단어의미	문장의미
☐ 541	시장	· 나는 친구와 시장에 갔다.
☐ 542	체육관	· 그녀는 체육관에서 매일 운동한다.
☐ 543	마룻바닥	· 마룻바닥은 차갑고 미끄러웠다.
☐ 544	여름	· 여름은 덥지만 겨울은 춥다.
☐ 545	1주일	· 내 숙제를 끝내는 데 1주일이 걸렸다.
☐ 546	나무	· 저 나무에 올라가지 마라.
☐ 547	소금	· 소금을 너무 많이 먹는 것은 건강에 나쁘다.
☐ 548	느끼다	· 나는 산책한 다음에 피곤하게 느꼈다.
☐ 549	점수	· 점수는 마침내 동점이 되었다.
☐ 550	평화	· 우리 모두 지구의 평화를 원한다.
☐ 551	사자	· 사자는 큰 소리로 울었다.
☐ 552	가다	· 내일 가게에 가자.
☐ 553	신발	· 그 신발은 내 발에 맞지 않는다.
☐ 554	보내다	· 나는 소포를 보내야 한다.
☐ 555	건네다	· 설탕 좀 건네줄래요?

38 ^{일차}

556 - 570

번호	단어발음	문장발음
☐ 556	레일	· 히 워즈 레일 퍼r 더 **미:**링.
☐ 557	웨어r	· 이츠 코울드 아웉**싸**이드. 쏘우 웨어r 어 햍.
☐ 558	클라우드	· 더 클라우드 워즈 플**러**피 앤(드) 와잍.
☐ 559	**컬**러r	· 윌 **컬**러r 두 유 라잌?
☐ 560	**싸**운드	· 디 쥬 히어r 댙 싸운드?
☐ 561	달:	· 더 촤일드 원:츠 어 뉴: 달:.
☐ 562	**유:**스플	· 디쓰 툴: 이즈 **베**리 **유:**스플.
☐ 563	**씨:**크릳	· 캔 유 킾: 어 **씨:**크맅?
☐ 564	**페**이뻐r	· 아이 닏: 어 피:쓰 어브 **페**이뻐r.
☐ 565	**파**이어r	· 더 **빌**딩 워즈 온 파이어r.
☐ 566	웨잍	· 웨잍 라잍 히어r <u>퍼:</u>r 어 와일.
☐ 567	**포:**리너r	· 쉬 이즈 어 **포:**리너r <u>프럼</u> **이**들리.
☐ 568	구:쓰	· 히 <u>파</u>운드 어 구:쓰 인 더 스노우.
☐ 569	**윈**드	· 더 윈드 이즈 스추<u>롱:</u> 투데이.
☐ 570	엔드	· 디쓰 이즈 디 엔드 어브 더 <u>로</u>우드.

번호	단어의미	문장의미
□ 556	**늦은**	· 그는 회의에 늦었다.
□ 557	입다	· 밖은 춥다. 그러니 모자를 써라.
□ 558	**구름**	· 구름은 솜털 같고 하얗다.
□ 559	색깔	· 당신은 무슨 색깔을 좋아하나요?
□ 560	**소리**	· 당신은 그 소리를 들었나요?
□ 561	인형	· 그 아이는 새 인형을 원한다.
□ 562	**유용한**	· 이 도구는 매우 유용하다.
□ 563	비밀	· 당신은 비밀을 지킬 수 있나요?
□ 564	**종이**	· 나는 종이 한 장이 필요하다.
□ 565	불	· 그 건물은 불타고 있었다.
□ 566	**기다리다**	· 바로 여기서 잠시 기다리세요.
□ 567	외국인	· 그녀는 이탈리아에서 온 외국인이다.
□ 568	**거위**	· 그는 눈 속에서 거위를 발견했다.
□ 569	바람	· 바람이 오늘은 강하다.
□ 570	**끝**	· 이곳이 도로의 끝이다.

번호	단어발음	문장발음
☐ 571	**피줜**	· 아이 쏘: **피줜**즈 인 더 파:r크.
☐ 572	**폴:트**	· 잍 워즈 마이 **폴:트** 댙 위 로스(트) 더 게임.
☐ 573	**파인**	· 잍 이즈 어 **파인** 데이 투 고우 온 어 **피크**닉.
☐ 574	**넘버r**	· **엔**터r 유어r 포운 **넘버r.**
☐ 575	**따우전드**	· 데어r 워r 포어r **따우전드 비**지러r즈.
☐ 576	**레드**	· 유 머스트 스땊 앹 더 **레드** 라잍.
☐ 577	**쎄이프**	· 디쓰 이즈 어 **쎄이프 에**어리아 투 리브.
☐ 578	**웨이브**	· 더 **웨이브**즈 크래쉬트 온 더 비:취.
☐ 579	**다이닝 룸:**	· 레츠 잍 **핕:**자 인 더 **다이닝 룸:**.
☐ 580	**썸타임즈**	· 아이 **썸타임즈** 퍼r**겥** 투 콜: 마이 **페**어**런**츠.
☐ 581	**웨이크**	· **웨이크** 엎 오:어r 율 비 레잍 퍼r 스쿨:.
☐ 582	**비싸이드**	· 쉬 쌭 **비싸**이잍 힘 **싸**일런리.
☐ 583	**인투:**	· 위 웬:트 **인투:** 더 스토어r.
☐ 584	**투게더r**	· 위 핻 런취 **투게더r** 투데이.
☐ 585	**퍼:r플**	· 히즈 맆쓰 턴:드 **퍼:r플** 비커즈 어브 더 코울드.

번호	단어의미	문장의미
☐ 571	비둘기	· 나는 공원에서 비둘기들을 보았다.
☐ 572	잘못	· 우리가 시합에서 진 것은 내 잘못이었다.
☐ 573	아주 좋은	· 소풍 가기에 아주 좋은 날이다.
☐ 574	번호	· 전화번호를 입력하세요.
☐ 575	1,000	· 4천 명의 방문객이 있었다.
☐ 576	빨간	· 너는 빨간 신호등에서 멈춰야 한다.
☐ 577	안전한	· 이곳은 살기에 안전한 지역이다.
☐ 578	파도	· 파도가 해변에 부딪혔다.
☐ 579	식당	· 피자를 식당에서 먹자.
☐ 580	때때로	· 나는 때때로 부모님께 전화하는 것을 잊는다.
☐ 581	일어나다	· 일어나라 그렇지 않으면 학교에 늦을 것이다.
☐ 582	~ 옆에	· 그녀는 조용히 그의 옆에 앉았다.
☐ 583	~ 안으로	· 우리는 가게 안으로 걸어 들어갔다.
☐ 584	함께	· 우리는 오늘 점심을 함께 먹었다.
☐ 585	보라색	· 추위때문에 그의 입술이 보라색이 되었다.

번호	단어발음	문장발음
□ 586	아이**디:**어	· 댇 이즈 어 그레잍 아이**디:**어.
□ 587	**유:**쥬얼	· 히 같 엎 **어:**r얼리어r 댄 **유:**쥬얼.
□ 588	그**룹:**	· 위 빌**롱:** 투 더 쎄임 그**룹:**.
□ 589	씩	· 히 워즈 쏘우 씩 댇 히 웬트 호움.
□ 590	**잉**글리쉬	· 캔 유 스**삑:** **잉**글리쉬?
□ 591	나이프	· 핸드 미 더 나이프 **오**우**버**r 데어r.
□ 592	**하**이드	· 더 **칠**드런 힏 비**하**인(드) 더 **락:**.
□ 593	**버:**r쓰데이	· 웬 이즈 유어r **버:**r쓰데이?
□ 594	**도:**러r	· 마이 **도:**러r 이즈 **베**리 스마:r트.
□ 595	스테이디엄	· 더 스테이디엄 워즈 풀 어브 **피:**쁠.
□ 596	**가:**r든	· 데어r 아r 매니 **플라**워r즈 인 마이 **가:**r든.
□ 597	펜쓸	· 캔 아이 **바**로우 유어r 펜쓸?
□ 598	트윈	· 히 해즈 어 트윈 브**라**더r.
□ 599	쥐팬	· 월 이즈 더 **캐**피를 어브 쥐팬?
□ 600	블루:	· 더 스까이 이즈 클리어r 앤(드) 블루:.

번 호	단어의미	문장의미
☐ 586	생각	· 그것은 아주 좋은 생각이다.
☐ 587	평소의	· 그는 평소보다 더 일찍 일어났다.
☐ 588	단체	· 우리는 같은 단체에 속해있다.
☐ 589	아픈	· 그는 너무 아파서 집으로 갔다.
☐ 590	영어	· 당신은 영어로 말할 수 있나요?
☐ 591	칼	· 저기에 있는 칼을 건네주세요.
☐ 592	숨다	· 아이들은 바위 뒤에 숨었다.
☐ 593	생일	· 당신의 생일이 언제인가요?
☐ 594	딸	· 내 딸은 매우 똑똑하다.
☐ 595	경기장	· 경기장은 사람들로 가득 차 있었다.
☐ 596	정원	· 나의 정원에는 많은 꽃이 있다.
☐ 597	연필	· 당신의 연필 좀 빌릴 수 있을까요?
☐ 598	쌍둥이	· 그는 쌍둥이 형이 있다.
☐ 599	일본	· 일본의 수도는 어디인가요?
☐ 600	파란색의	· 하늘이 맑고 파랗다.

번 호	단어발음	문장발음
☐ 601	**에**어r플레인	· 디 **에**어r플레인 플루: **오**우**버**r 아워r 헤즈.
☐ 602	프**리**즌	· 더 띠:프 워즈 쎈(트) 투 프**리**즌.
☐ 603	쌔드	· 히 워즈 쏘우 쌘 댙 히 크**라**이드.
☐ 604	**라**:스트	· 쉬 이즈 더 **라**:스트 **퍼**:r쑨 인 라인.
☐ 605	쉘	· 더 촤일드 픽뜨 엎 더 쉘.
☐ 606	스**띨**	· 히 이즈 스**띨** 슬리:삥 인 베드.
☐ 607	**코**울드	· 더 **웨**더r 이즈 **코**울(드) 투**데**이.
☐ 608	스**빠**이더r	· 더 스**빠**이더r 스**뻔** 어 웹.
☐ 609	**웰**컴	· **웰**컴 투 마이 호움.
☐ 610	**메**이비:	· **메**이비: 쓰**리**: 오:어r **파**이브 타임즈 어 이어r.
☐ 611	브**레**드	· 히 베익(트) 썸 프**레**쉬 브**레**드.
☐ 612	**코리**:아	· 쉬 해즈 리브드 인 **코리**:아 **퍼**r 쓰**리**: 이어rz.
☐ 613	브**링**	· 플리:즈 브**링** 미 어 컵 오브 커:**피**.
☐ 614	프**룻**:	· 윁 프**룻**: 두 유 라익 베스트?
☐ 615	**위**:켄드	· 하우 워즈 유어r **위**:**켄**드?

번 호	단어의미	문장의미
☐ 601	비행기	· 비행기가 우리 머리 위로 날아갔다.
☐ 602	감옥	· 도둑은 감옥으로 보내졌다.
☐ 603	슬픈	· 그는 너무 슬퍼서 울었다.
☐ 604	마지막	· 그녀는 줄에서 마지막 사람이다.
☐ 605	조개껍데기	· 아이가 조개껍데기를 집어 들었다.
☐ 606	아직도	· 그는 아직도 침대에서 자고 있다.
☐ 607	추운	· 오늘은 날씨가 춥다.
☐ 608	거미	· 거미가 거미줄을 쳤다.
☐ 609	환영하다	· 우리 집에 오신 것을 환영합니다.
☐ 610	아마도	· 아마도 일 년에 3번 또는 5번 정도.
☐ 611	빵	· 그는 신선한 빵을 조금 구웠다.
☐ 612	한국	· 그녀는 3년 동안 한국에 살고 있다.
☐ 613	가져오다	· 저에게 커피 한 잔을 가져다주세요.
☐ 614	과일	· 당신은 어떤 과일을 가장 좋아하나요?
☐ 615	주말	· 주말을 어떻게 보내셨나요?

번 호	단어발음	문장발음
☐ 616	**오일**	· 오일 앤(드) **워:**러r 두 낱 믹쓰.
☐ 617	레프트	· 유 슈 턴 레프트 히어r.
☐ 618	**피:취**	· 더 피:취 이즈 스윝: 앤(드) **주:**씨.
☐ 619	프라이즈	·· 쉬 원 어 프라이즈 인 더 게임.
☐ 620	**오:텀**	· **오:**텀 이즈 더 베스트 **씨:**즌.
☐ 621	그레이	· 히 라잌쓰 더 그레이 셔:r트.
☐ 622	**팰**	· 더 캪 워즈 투: **팰** 투 무:브.
☐ 623	랕	· 쉬 에잍 어 랕 어브 **촤:**콜맅.
☐ 624	**비긴**	· 더 **뮤:**지클 윌 비긴 인 파이브 미니츠.
☐ 625	클래쓰메잍	· 마이 클래쓰메잍 워즈 레잍 퍼r 클래쓰 어**겐**.
☐ 626	**힡**	· 유 슈든(트) 힡 더 **췰**드런.
☐ 627	라:r쥐	· 어 라:r쥐 베어r **써**든리 어프**로**우췰 어쓰.
☐ 628	**어프레이드**	· 더 촤일드 이즈 어프레이드 어브 더 **몬**스떠r.
☐ 629	주라이브	· 위 슈 주라이브 더 카:r 투 더 스또어r.
☐ 630	**어라이브**	· 딛 더 게스츠 어라이브 앹 더 **파:**r티?

번 호	단어의미	문장의미
☐ 616	기름	· 기름과 물은 섞이지 않는다.
☐ 617	왼쪽	· 너는 여기서 왼쪽으로 돌아야 한다.
☐ 618	복숭아	· 복숭아는 달콤하고 즙이 많다.
☐ 619	상	· 그녀는 그 대회에서 상을 탔다.
☐ 620	가을	· 가을은 가장 좋은 계절이다.
☐ 621	회색의	· 그는 회색 셔츠를 좋아한다.
☐ 622	살찐	· 그 고양이는 너무 살쪄서 움직일 수가 없었다.
☐ 623	많음	· 그녀는 많은 초콜릿을 먹었다.
☐ 624	시작하다	· 뮤지컬은 5분 후에 시작할 것이다.
☐ 625	반 친구	· 내 반 친구는 수업에 또 늦었다.
☐ 626	때리다	· 당신은 아이들을 때리지 말아야 한다.
☐ 627	큰	· 큰 곰이 갑자기 우리에게 다가왔다.
☐ 628	두려워하는	· 그 아이는 괴물을 두려워한다.
☐ 629	운전하다	· 우리는 가게로 차를 운전해 가야 한다.
☐ 630	도착하다	· 손님들이 파티에 도착했나요?

번호	힌 트	번호	힌 트
☐ 541	아이 웬(트) 투 더	☐ 556	히 워즈 레잍
☐ 542	쉬 웤:r쓰 아울 앺	☐ 557	이츠 코울드 아울**싸**이드.
☐ 543	더 플로어r 워즈 코울드	☐ 558	더 클라우드 워즈
☐ 544	**써**머r 이즈 핱 벝	☐ 559	웥 **컬**러r 두
☐ 545	잍 툭 미 어 윆:	☐ 560	디 쥬 히어r
☐ 546	도운(트) 클라임	☐ 561	더 촤일드 원:츠
☐ 547	이:링 투: 머취 쏠:트	☐ 562	디쓰 툴: 이즈
☐ 548	아이 펠(트) 타이어r드	☐ 563	캔 유 킾:
☐ 549	더 스코어r 워즈	☐ 564	아이 닏: 어 피:쓰
☐ 550	위 올: 원:트 피:쓰	☐ 565	더 **빌**딩 워즈
☐ 551	더 **라**이언 로어r드	☐ 566	웨잍 라잍 히어r
☐ 552	레츠 고우 투 더	☐ 567	쉬 이즈 어 **포**:리너r
☐ 553	더 슈:즈 도운(트)	☐ 568	히 파운드 어 구:쓰
☐ 554	아이 해브 투 쎈드	☐ 569	더 윈드 이즈
☐ 555	윌 유 패쓰 미	☐ 570	디쓰 이즈 디 엔드

번호	힌트	번호	힌트
☐ 571	아이 쏘: **피쥔즈**	☐ 586	댙 이즈 어 그레일
☐ 572	잍 워즈 마이 폴:트	☐ 587	히 같 엎 **어:r**얼리어r
☐ 573	잍 이즈 어 파인 데이	☐ 588	위 빌롱: 투 더
☐ 574	**엔**터r 유어r 포운	☐ 589	히 워즈 쏘우 씩
☐ 575	데어r 워r 포어r	☐ 590	캔 유 스삑:
☐ 576	유 머스트 스땊	☐ 591	핸드 미 더 나이프
☐ 577	디쓰 이즈 어 쎄이프	☐ 592	더 **췰**드런 힐
☐ 578	더 웨이브즈 크래쉬트	☐ 593	웬 이즈 유어r
☐ 579	레츠 잍: **필:**자 인	☐ 594	마이 **도:**러r 이즈
☐ 580	아이 **썸**타임즈 퍼r**겥**	☐ 595	더 스테이디엄 워즈
☐ 581	웨이크 엎 오:어r	☐ 596	데어r 아r 매니 플라워r즈
☐ 582	쉬 쌜 비**싸**이일	☐ 597	캔 아이 **바**로우
☐ 583	위 월:트 **인투:**	☐ 598	히 해즈 어 트윈
☐ 584	위 핸 런취	☐ 599	윌 이즈 더 **캐**피를
☐ 585	히즈 맆쓰 턴:드 **퍼:r**플	☐ 600	더 스까이 이즈

41~42 일차 리뷰

번호	힌 트	번호	힌 트
□ 601	디 **에어**r플레인 플루:	□ 616	오일 앤(드) **워:**러r
□ 602	더 띠:프 워즈 쎈(트)	□ 617	유 숀 턴 레프트
□ 603	히 워즈 쏘우 쌛	□ 618	더 피:취 이즈
□ 604	쉬 이즈 더 라:스트	□ 619	쉬 원 어 프라이즈
□ 605	더 촤일드 픽뜨	□ 620	**오:**텀 이즈 더
□ 606	히 이즈 스띨 슬리:삥	□ 621	히 라잌쓰 더
□ 607	더 **웨**더r 이즈	□ 622	더 캪 워즈 투:
□ 608	더 스빠이더r 스뻔	□ 623	쉬 에일 어 랕
□ 609	**웰**컴 투	□ 624	더 **뮤:**지클 윌 비**긴**
□ 610	**메**이비: 쓰리: 오:어r	□ 625	마이 클래쓰메잍 워즈
□ 611	히 베잌(트) 썸 프레쉬	□ 626	유 슈든(트) 힐
□ 612	쉬 해즈 리브드 인	□ 627	어 라:r쥐 베어r **써**든리
□ 613	플리:즈 브링 미	□ 628	더 촤일드 이즈 어프**레**이드
□ 614	윌 프**룰:** 두 유	□ 629	위 숀 주라이브 더
□ 615	하우 워즈 유어r	□ 630	딛 더 게스츠 어**라**이브

37~38 리뷰 일차

번호	힌 트	번호	힌 트
□ 541	나는 친구와	□ 556	그는 회의에
□ 542	그녀는 체육관에서	□ 557	밖은 춥다.
□ 543	마룻바닥은 차갑고	□ 558	구름은 솜털
□ 544	여름은 덥지만	□ 559	당신은 무슨 색깔을
□ 545	내 숙제를 끝내는 데	□ 560	당신은 그 소리를
□ 546	저 나무에	□ 561	그 아이는 새
□ 547	소금을 너무 많이	□ 562	이 도구는 매우
□ 548	나는 산책한 다음에	□ 563	당신은 비밀을
□ 549	점수는 마침내	□ 564	나는 종이 한 장이
□ 550	우리 모두 지구의	□ 565	그 건물은 불타고
□ 551	사자는 큰 소리로	□ 566	바로 여기서 잠시
□ 552	내일 가게에	□ 567	그녀는 이탈리아에서
□ 553	그 신발은 내 발에	□ 568	그는 눈 속에서
□ 554	나는 소포를	□ 569	바람이 오늘은
□ 555	설탕 좀	□ 570	이곳이 도로의

번호	힌 트	번호	힌 트
□ 571	나는 공원에서	□ 586	그것은 아주 좋은
□ 572	우리가 시합에서	□ 587	그는 평소보다
□ 573	소풍 가기에 아주	□ 588	우리는 같은 단체에
□ 574	전화번호를	□ 589	그는 너무 아파서
□ 575	4천 명의 방문객이	□ 590	당신은 영어로
□ 576	너는 빨간 신호등에서	□ 591	저기에 있는 칼을
□ 577	이곳은 살기에	□ 592	아이들은 바위
□ 578	파도가 해변에	□ 593	당신의 생일이
□ 579	피자를 식당에서	□ 594	내 딸은 매우
□ 580	나는 때때로 부모님께	□ 595	경기장은 사람들로
□ 581	일어나라 그렇지 않으면	□ 596	나의 정원에는 많은
□ 582	그녀는 조용히	□ 597	당신의 연필 좀
□ 583	우리는 가게 안으로	□ 598	그는 쌍둥이
□ 584	우리는 오늘 점심을	□ 599	일본의 수도는
□ 585	추위때문에 그의 입술이	□ 600	하늘이 맑고

번호	힌트	번호	힌트
☐ 601	비행기가 우리	☐ 616	기름과 물은
☐ 602	도둑은 감옥으로	☐ 617	너는 여기서 왼쪽으로
☐ 603	그는 너무 슬퍼서	☐ 618	복숭아는 달콤하고
☐ 604	그녀는 줄에서	☐ 619	그녀는 그 대회에서
☐ 605	아이가 조개껍데기를	☐ 620	가을은 가장 좋은
☐ 606	그는 아직도	☐ 621	그는 회색 셔츠를
☐ 607	오늘은 날씨가	☐ 622	그 고양이는 너무 살쪄서
☐ 608	거미가 거미줄을	☐ 623	그녀는 많은 초콜릿을
☐ 609	우리 집에 오신 것을	☐ 624	뮤지컬은 5분 후에
☐ 610	아마도 일 년에	☐ 625	내 반 친구는
☐ 611	그는 신선한 빵을	☐ 626	당신은 아이들을
☐ 612	그녀는 3년 동안	☐ 627	큰 곰이 갑자기
☐ 613	저에게 커피 한 잔을	☐ 628	그 아이는 괴물을
☐ 614	당신은 어떤 과일을	☐ 629	우리는 가게로 차를
☐ 615	주말을 어떻게	☐ 630	손님들이 파티에

여러분을 응원합니다 !

한글영어학습에 대해서 궁금한 점이 있다면

한글영어 공식카페로 질문해주세요.

한글영어 공식카페

🔍 https://cafe.naver.com/korchinese

모든 질문에 성심껏
답변을 드리도록 하겠습니다.

631 - 720

43 일차 ~ 48 일차

"한글발음을 읽을 때,
영어소리를 온몸으로 느낀다고 생각하며 읽는다"

ㅍ, ㄹ, ㅂ 는 각각 f, r, v 발음 표시

진한 발음은 강세 표시

43 ^{일차}

631 - 645

번호	단어발음	문장발음
☐ 631	파이트	· 도운(트) 파일 위드 유어r 프렌드.
☐ 632	나이쓰	· 더 웨더r 이즈 나이쓰 투데이.
☐ 633	와이드	· 아워r 하우쓰 해즈 어 와이드 포:r취.
☐ 634	메머리	· 뱁 메머리즈 라:스트 퍼레버r.
☐ 635	잍:	· 이즈 데어r 에니띵 투 잍:?
☐ 636	하:r트	· 러닝 이즈 굳 퍼r 더 하:r트.
☐ 637	워:r드	· 룩 옆 더 워:r드 인 더 딕셔네리.
☐ 638	에어r포:r트	· 아이 웨이린 퍼r 마이 플라잍 앹 더 에어r포:r트.
☐ 639	티:취r	· 마이 티:취r 어라이브드 어:r얼리.
☐ 640	클레버r	· 더 멍키 워즈 베리 클레버r.
☐ 641	캐쓸	· 더 킹 리브드 인 더 캐쓸.
☐ 642	바틀	· 쉬 주랭크 어 바틀 어브 워:러r.
☐ 643	비즈니쓰	· 하우즈 유어r 비즈니쓰 고잉 디:즈 데이즈?
☐ 644	인퍼r메이션	· 아이 원:트 모어r 인퍼r메이션 온 댇.
☐ 645	런	· 런 어웨이 프럼 더 몬스떠r!

번 호	단어의미	문장의미
☐ 631	**싸우다**	· 친구와 싸우지 마라.
☐ 632	좋은	· 오늘은 날씨가 좋네요.
☐ 633	**넓은**	· 우리 집은 넓은 현관을 가지고 있다.
☐ 634	기억	· 나쁜 기억은 영원히 계속된다.
☐ 635	**먹다**	· 먹을 것 좀 있나요?
☐ 636	심장	· 달리기는 심장에 좋다.
☐ 637	**단어**	· 사전에서 그 단어를 찾아보세요.
☐ 638	공항	· 나는 공항에서 비행기를 기다렸다.
☐ 639	**선생님**	· 나의 선생님은 일찍 도착하셨다.
☐ 640	영리한	· 그 원숭이는 매우 영리했다.
☐ 641	**성**	· 왕이 성에 살았다.
☐ 642	병	· 그녀는 물 한 병을 마셨다.
☐ 643	**사업**	· 요즘 사업은 어떠세요?
☐ 644	정보	· 나는 그것에 대해 더 많은 정보를 원한다.
☐ 645	**달리다**	· 괴물한테서 달아나라!

44 ^{일차}

646 - 660

번호	단어발음	문장발음
☐ 646	샵	· 이즈 데어r 어 샵 니어r 히어r?
☐ 647	비하인드	· 워츠 비**하**인(드) 댈 도어r?
☐ 648	브**라**더r	· 마이 **영**거r 브**라**더r 이즈 쇼:r터r 댄 미.
☐ 649	추루:	· 윌 아이 쎌 워즈 **리**:얼리 추루:.
☐ 650	아울	· 디 아울 워즈 **헌**팅 어 마우쓰.
☐ 651	낙	· 히 낙트 온 더 도어r.
☐ 652	대드	· 마이 댈 이즈 핔씽 더 데스크.
☐ 653	쎄이	· 쉬 디른(트) 쎄이 **애**니띵.
☐ 654	넥	· 히 헐:r 히즈 넥 와일 스추레칭.
☐ 655	데프	· 디 익스플로우줜 메잌 힘 데프.
☐ 656	호움	· 아이 원:(트) 투 고우 호움 앤(드) 레스트.
☐ 657	케어r플	· 비 케어r플 웬 크로:씽 더 스추맅:.
☐ 658	메일	· 디 쥬 겔 마이 이메일 **예**스떠r데이?
☐ 659	커즌	· 마이 **커**즌 리브즈 인 줘팬.
☐ 660	테일	· 마이 그**랜파**:더r 토울드 미 어 쌘 테일.

번호	단어의미	문장의미
☐ 646	가게	· 이 근처에 가게가 있나요?
☐ 647	~의 뒤에	· 문 뒤에 뭐가 있나요?
☐ 648	남동생	· 내 남동생은 나보다 키가 작다.
☐ 649	사실의	· 내가 한 말은 정말 사실이었다.
☐ 650	올빼미	· 올빼미가 쥐를 사냥하고 있었다.
☐ 651	두드리다	· 그는 문을 두드렸다.
☐ 652	아빠	· 나의 아빠는 책상을 고치는 중이다.
☐ 653	말하다	· 그녀는 아무 말도 하지 않았다.
☐ 654	목	· 그는 스트레칭을 하는 동안 목을 다쳤다.
☐ 655	귀가 먼	· 그 폭발은 그가 귀를 멀게 만들었다.
☐ 656	집	· 나는 집에 가서 쉬고 싶다.
☐ 657	조심하는	· 길을 건널 때는 조심해라.
☐ 658	우편	· 당신은 어제 내 전자우편을 받았나요?
☐ 659	사촌	· 나의 사촌은 일본에 산다.
☐ 660	이야기	· 할아버지는 나에게 슬픈 이야기를 해주셨다.

45 일차

661 - 675

번 호	단어발음	문장발음
☐ 661	**마인**	· 댈 **샌**드위춰 이즈 마인.
☐ 662	**리빙 룸:**	· 더 키즈 아r 인 더 **리**빙 룸:.
☐ 663	**엔터r**	· 유 메이 **엔**터r 디쓰 룸: **애**니타임.
☐ 664	**페이쓰**	· 와쉬 유어r 핸즈 앤(드) 페이쓰 퍼:r스트.
☐ 665	**필:드**	· 데어r 아r 호:r시스 인 더 필:드.
☐ 666	**췌인쥐**	· 아이 원:(트) 투 췌인쥐 마이 **오:**r더r.
☐ 667	**암:**	· 쉬 펠 앤(드) 브로우크 허r 암:.
☐ 668	**주:**	· 더 주: 해즈 매니 **애**니멀즈.
☐ 669	**런:**	· 쉬 원:츠 투 런: **저:**r먼.
☐ 670	**윈**	· 디 쥬 윈 더 **칸**테스트 라:스트 위:크?
☐ 671	**투마:로우**	· 아이 윌 고우 데어r **투마:**로우.
☐ 672	**스뻰드**	· 히 스뻰즈 어 랕 어브 **머**니 온 클로우즈.
☐ 673	**캐쉬**	· 아r 유 유징 캐쉬 오:어r 카:r드?
☐ 674	**칸테스트**	· 히 디든(트) 어**텐**(드) 더 **칸**테스트.
☐ 675	**클라운**	· 더 클라운 메잌 어쓰 래프.

번 호	단어의미	문장의미
□ 661	**나의 것**	· 저 샌드위치는 나의 것이다.
□ 662	거실	· 아이들은 거실에 있다.
□ 663	**들어가다**	· 너는 이 방에 언제든지 들어가도 된다.
□ 664	얼굴	· 먼저 손과 얼굴을 씻어라.
□ 665	**들판**	· 들판에는 말들이 있다.
□ 666	바꾸다	· 나는 내 주문을 바꾸고 싶다.
□ 667	**팔**	· 그녀는 넘어져서 팔이 부러졌다.
□ 668	동물원	· 동물원에는 많은 동물이 있다.
□ 669	**배우다**	· 그녀는 독일어를 배우길 원한다.
□ 670	이기다	· 당신은 지난주 대회에서 우승하셨나요?
□ 671	**내일**	· 나는 내일 거기에 갈 것이다.
□ 672	소비하다	· 그는 옷에 많은 돈을 소비한다.
□ 673	**현금**	· 당신은 현금인가요, 카드인가요?
□ 674	대회	· 그는 대회에 참석하지 않았다.
□ 675	**어릿광대**	· 그 어릿광대는 우리를 웃도록 만들었다.

46 일차

676 - 690

번 호	단어발음	문장발음
☐ 676	**인싸**이드	· 워츠 **인싸**이(드) 더 박쓰?
☐ 677	롱:	· 더 캐츠 테일 워즈 롱:.
☐ 678	**룰:**러r	· 아이 니:드 어 **룰:**러r 투 주로: 어 라인.
☐ 679	**앱**쓴트	· 쉬 워즈 **앱**쓴트 프럼 스쿨:.
☐ 680	나잍	· 아이 슬렢트 퍼r 투: **아워**r즈 라:스트 나잍.
☐ 681	**멤**버r	· 아r 유 어 **멤**버r 어브 디쓰 클럽?
☐ 682	후:	· 후: 이즈 댙 맨 **오우**버r 데어r?
☐ 683	런취	· 웨어r 슌 위 겥 런취?
☐ 684	**더**블	· 아이드 라잌 투 리**저:**r브 어 **더**블 룸:.
☐ 685	브**렠**퍼스트	· 쉬 이츠 언 에그 퍼r 브**렠**퍼스트.
☐ 686	스윙	· 히 스윙 히즈 암: 백 앤(드) 포:r쓰.
☐ 687	억**쎕**트	· 아이드 러브 투 억**쎕**트 유어r 인**버**테이션.
☐ 688	스모우크	· 웨어r 이즈 댙 스모우크 **커**밍 프럼?
☐ 689	**쥐**너럴	· 더 **쥐**너럴 **오:**r더r드 언 어**택**.
☐ 690	헤어r	· 히즈 헤어r 워즈 투: 롱:.

번 호	단어의미	문장의미
□ 676	안쪽	· 상자 안에는 뭐가 있나요?
□ 677	긴	· 그 고양이의 꼬리는 길었다.
□ 678	자	· 나는 선을 긋기 위해 자가 필요하다.
□ 679	결석한	· 그녀는 학교에 결석했었다.
□ 680	밤	· 나는 지난밤에 2시간 잤다.
□ 681	회원	· 당신은 이 클럽의 회원이신가요?
□ 682	누구	· 저기 저 남자는 누구인가요?
□ 683	점심	· 우리는 점심을 어디서 먹을까요?
□ 684	2인용의	· 나는 2인용 방을 예약하고 싶다.
□ 685	아침	· 그녀는 아침으로 달걀을 먹는다.
□ 686	흔들다	· 그는 팔을 앞뒤로 흔들었다.
□ 687	받아들이다	· 나는 기꺼이 당신의 초대를 받아들이겠습니다
□ 688	연기	· 저 연기는 어디에서 나고 있나요?
□ 689	장군	· 장군은 공격하라고 명령했다.
□ 690	머리카락	· 그의 머리카락은 너무 길었다.

번 호	단어발음	문장발음
☐ 691	**클라**우디	· 더 **웨**더r 이즈 클라우디 투**데**이.
☐ 692	도어r	· 플리:즈 셭 더 도어r 슬**로**울리.
☐ 693	**러**키	· 아이 워즈 **러**키 투 씨: 허r 히어r.
☐ 694	핱	· 더 **워:**러r 워즈 투: 핱.
☐ 695	**썸**띵	· 이즈 데어r **썸**띵 **롱:**?
☐ 696	플레이쓰	· 디쓰 이즈 어 나이쓰 플레이쓰 투 <u>레</u>스트.
☐ 697	<u>로</u>울	· 쉬 <u>로</u>울(드) 더 다이쓰 하:r드.
☐ 698	**갤**러<u>리</u>	· 더 **페**인팅 이즈 인 더 **갤**러<u>리</u>.
☐ 699	영	· 히 이즈 영, 벝 **베**<u>리</u> 와이즈.
☐ 700	씨:	· 아이 러브 더 스멜 어브 더 씨:.
☐ 701	**쉐**어r	· 허r 캪 이즈 온 더 쉐어r.
☐ 702	호울드	· 캔 유 호울드 디쓰 <u>퍼</u>r 미?
☐ 703	**파**이어r파이터r	· 더 **파**이어r파이터r 풀 아웉 더 파이어r.
☐ 704	<u>리</u>:취	· 위 <u>리</u>:취(트) 디 **에**어r포:r트 쥐슬 인 타임.
☐ 705	어크<u>로</u>:쓰	· 더 스또어r 이즈 어크<u>로</u>:쓰 더 스추맅:.

번호	단어의미	문장의미
☐ 691	구름이 낀	· 오늘 날씨는 구름이 끼었다.
☐ 692	문	· 문을 천천히 닫아주세요.
☐ 693	운이 좋은	· 내가 여기서 그녀를 보다니 운이 좋았다.
☐ 694	뜨거운	· 물이 너무 뜨거웠다.
☐ 695	무언가	· 무언가 잘못된 거라도 있나요?
☐ 696	장소	· 이곳은 쉬기에 좋은 장소이다.
☐ 697	굴리다	· 그녀는 주사위를 세게 굴렸다.
☐ 698	미술관	· 그 그림은 미술관에 있다.
☐ 699	젊은	· 그는 젊지만, 매우 현명하다.
☐ 700	바다	· 나는 바다 냄새를 아주 좋아한다.
☐ 701	의자	· 그녀의 고양이는 의자 위에 있다.
☐ 702	잡다	· 이것 좀 잡아주실래요?
☐ 703	소방관	· 소방관이 불을 껐다.
☐ 704	도착하다	· 우리는 딱 제시간에 공항에 도착했다.
☐ 705	~의 건너편에	· 그 가게는 길 건너편에 있다.

48 일차

706 - 720

번호	단어발음	문장발음
☐ 706	그레잎	· 아이 라잌 그린: 그레잎쓰 **베**러r 댄 레드 그레잎쓰.
☐ 707	미:트	· 더 **라**이언 이즈 이:링 딜**리**셔쓰 미:.트
☐ 708	싸이드	· 히 웬트 아웉 쓰**로** 더 싸이(드) 도어r.
☐ 709	앤트	· 앤츠 아r 스추롱: **인**쎅츠.
☐ 710	액트	· 플리:즈 도운(트) 액트 **씰**리 **애**니모어r.
☐ 711	투데이	· 웨어r 슏 위 고우 투**데**이?
☐ 712	마우쓰	· 쉬 오우쁜드 허r 마우쓰 와이드.
☐ 713	어:r얼리	· 유 슏 겔 엎 어:r얼리 투**마**:로우.
☐ 714	브러쉬	· 아이 클린(드) 더 **배**쓰룸: 위드 어 **토**일렡 브러쉬.
☐ 715	프런트	· 데어r 이즈 어 독: 인 프**런**트 어브 더 테이블.
☐ 716	타이어r드	· 아이 워즈 쏘우 타이어r드 댙 아이 웬(트) 투 벧 **어**r얼리.
☐ 717	애프터r눈:	· 히 워즈 **베**리 **비**지 디쓰 애프터r**눈**:.
☐ 718	싸커r	· 아이 라잌 플레잉 **싸**커r 인 더 스**테**이디엄.
☐ 719	촵:스띀	· 허r **촵**:스띀 브로우크 올: 어브 어 써든.
☐ 720	바이	· 아이 원:(트) 투 바이 어 빅 카:r.

번호	단어의미	문장의미
☐ 706	**포도**	· 나는 적포도보다 청포도를 더 좋아한다.
☐ 707	고기	· 사자가 맛있는 고기를 먹고 있다.
☐ 708	**옆면**	· 그는 옆문으로 나갔다.
☐ 709	개미	· 개미는 강한 곤충이다.
☐ 710	**행동하다**	· 더 이상 어리석게 행동하지 마세요.
☐ 711	오늘	· 오늘은 어디로 갈까요?
☐ 712	**입**	· 그녀는 입을 크게 벌렸다.
☐ 713	일찍	· 너는 내일 일찍 일어나야 한다.
☐ 714	**솔**	· 나는 화장실 솔로 욕실을 청소했다.
☐ 715	앞	· 탁자 앞에 개가 있다.
☐ 716	**피곤한**	· 나는 너무 피곤해서 일찍 잤다.
☐ 717	오후	· 그는 오늘 오후에 매우 바빴다.
☐ 718	**축구**	· 나는 경기장에서 축구 하기를 좋아한다.
☐ 719	젓가락	· 그녀의 젓가락이 갑자기 부러졌다.
☐ 720	**사다**	· 나는 큰 차를 사고 싶다.

번호	힌 트	번호	힌 트
☐ 631	도운(트) 파일 위드	☐ 646	이즈 데어r 어 샵
☐ 632	더 **웨**더r 이즈	☐ 647	워츠 비**하**인(드)
☐ 633	아워r 하우쓰 해즈	☐ 648	마이 **영**거r 브**라**더r
☐ 634	밴 **메**머리즈 라:스트	☐ 649	윌 아이 쎌 워즈
☐ 635	이즈 데어r **에**니띵	☐ 650	디 아울 워즈 **헌**팅
☐ 636	**러**닝 이즈 굳 퍼r	☐ 651	히 낙트 온 더
☐ 637	룩 엎 더 워:r드	☐ 652	마이 댇 이즈 필씽
☐ 638	아이 웨이릳 퍼r 마이	☐ 653	쉬 디른(트) 쎄이
☐ 639	마이 **티**:춰r 어**라**이브드	☐ 654	히 헐:r 히즈 넥
☐ 640	더 **멍**키 워즈	☐ 655	디 익스플로**로**우줟
☐ 641	더 킹 리브드	☐ 656	아이 원:(트) 투 고우
☐ 642	쉬 주랭크 어 바틀	☐ 657	비 **케**어r플 웬 크로:씽
☐ 643	하우즈 유어r **비**즈니쓰	☐ 658	디 쥬 겓 마이 이메일
☐ 644	아이 원:트 모어r	☐ 659	마이 **커**즌 리브즈
☐ 645	런 어웨이 프럼	☐ 660	마이 그**랜파**:더r 토울드

번호	힌 트	번호	힌 트
□ 661	댙 **샌**드위취 이즈	□ 676	워츠 인**싸**이(드)
□ 662	더 키즈 아r 인	□ 677	더 캐츠 테일 워즈
□ 663	유 메이 **엔**터r 디쓰	□ 678	아이 니:드 어 **룰:**러r
□ 664	와쉬 유어r 핸즈 앤(드)	□ 679	쉬 워즈 **앱**쓴트
□ 665	데어r 아r 호:r시스	□ 680	아이 슬렢트 퍼r 투:
□ 666	아이 원:(트) 투 췌인쥐	□ 681	아r 유 어 **멤**버r 어브
□ 667	쉬 펠 앤(드) 브로우크	□ 682	후: 이즈 댙 맨
□ 668	더 주: 해즈 매니	□ 683	웨어r 숲 위 겥
□ 669	쉬 원:츠 투 런:	□ 684	아이드 라익 투
□ 670	디 쥬 윈 더 **칸**테스트	□ 685	쉬 이츠 언 에그
□ 671	아이 윌 고우 데어r	□ 686	히 스윙 히즈 암:
□ 672	히 스뻰즈 어 랍 어브	□ 687	아이드 러브 투 억**쎕**트
□ 673	아r 유 유징 캐쉬	□ 688	웨어r 이즈 댙
□ 674	히 디든(트) 어**텐**(드)	□ 689	더 **줴**너럴 **오:**r더r드
□ 675	더 클라운 메일	□ 690	히즈 헤어r 워즈

47~48 리뷰 일차

번호	힌 트	번호	힌 트
□ 691	더 **웨**더r 이즈	□ 706	아이 라잌 그린: 그레잎쓰
□ 692	플리:즈 셭 더 도어r	□ 707	더 **라**이언 이즈 이:링
□ 693	아이 워즈 **러**키 투	□ 708	히 웬트 아웉 쓰루
□ 694	더 **워:**러r 워즈	□ 709	앤츠 아r 스추롱:
□ 695	이즈 데어r **썸**띵	□ 710	플리:즈 도운(트) 액트
□ 696	디쓰 이즈 어 나이쓰	□ 711	웨어r 슏 위 고우
□ 697	쉬 로울(드) 더	□ 712	쉬 오우쁜드 허r
□ 698	더 **페**인팅 이즈	□ 713	유 슏 겥 엎
□ 699	히 이즈 영,	□ 714	아이 클린:(드) 더 **배**쓰룸:
□ 700	아이 러브 더 스멜	□ 715	데어r 이즈 어 독:
□ 701	허r 캪 이즈 온	□ 716	아이 워즈 쏘우 타이어r드
□ 702	캔 유 호울드	□ 717	히 워즈 **베리 비**지
□ 703	더 **파**이어r파이터r	□ 718	아이 라잌 플레잉 **싸**커r
□ 704	위 리:취(트) 디 **에어**r포:r트	□ 719	허r **찹:**스띡 브로우크
□ 705	더 스또어r 이즈	□ 720	아이 원:(트) 투 바이

번호	힌 트	번호	힌 트
☐ 631	친구와 싸우지	☐ 646	이 근처에 가게가
☐ 632	오늘은 날씨가	☐ 647	문 뒤에 뭐가
☐ 633	우리 집은 넓은	☐ 648	내 남동생은 나보다
☐ 634	나쁜 기억은	☐ 649	내가 한 말은 정말
☐ 635	먹을 것 좀	☐ 650	올빼미가 쥐를
☐ 636	달리기는 심장에	☐ 651	그는 문을
☐ 637	사전에서 그 단어를	☐ 652	나의 아빠는 책상을
☐ 638	나는 공항에서 비행기를	☐ 653	그녀는 아무 말도
☐ 639	나의 선생님은	☐ 654	그는 스트레칭을 하는
☐ 640	그 원숭이는 매우	☐ 655	그 폭발은 그가 귀를
☐ 641	왕이 성에	☐ 656	나는 집에 가서
☐ 642	그녀는 물 한 병을	☐ 657	길을 건널 때는
☐ 643	요즘 사업은	☐ 658	당신은 어제 내
☐ 644	나는 그것에 대해	☐ 659	나의 사촌은 일본에
☐ 645	괴물한테서	☐ 660	할아버지는 나에게

45~46 일차 리뷰

번호	힌트	번호	힌트
□ 661	저 샌드위치는	□ 676	상자 안에는
□ 662	아이들은 거실에	□ 677	그 고양이의 꼬리는
□ 663	너는 이 방에 언제든지	□ 678	나는 선을 긋기 위해
□ 664	먼저 손과 얼굴을	□ 679	그녀는 학교에
□ 665	들판에는 말들이	□ 680	나는 지난밤에
□ 666	나는 내 주문을	□ 681	당신은 이 클럽의
□ 667	그녀는 넘어져서	□ 682	저기 저 남자는
□ 668	동물원에는 많은	□ 683	우리는 점심을 어디서
□ 669	그녀는 독일어를	□ 684	나는 2인용 방을
□ 670	당신은 지난주 대회에서	□ 685	그녀는 아침으로
□ 671	나는 내일 거기에	□ 686	그는 팔을 앞뒤로
□ 672	그는 옷에 많은 돈을	□ 687	나는 기꺼이 당신의
□ 673	당신은 현금인가요,	□ 688	저 연기는 어디에서
□ 674	그는 대회에 참석하지	□ 689	장군은 공격하라고
□ 675	그 어릿광대는	□ 690	그의 머리카락은

번호	힌트	번호	힌트
☐ 691	오늘 날씨는	☐ 706	나는 적포도보다
☐ 692	문을 천천히	☐ 707	사자가 맛있는
☐ 693	내가 여기서 그녀를	☐ 708	그는 옆문으로
☐ 694	물이 너무	☐ 709	개미는 강한
☐ 695	무언가 잘못된	☐ 710	더 이상 어리석게
☐ 696	이곳은 쉬기에	☐ 711	오늘은 어디로
☐ 697	그녀는 주사위를	☐ 712	그녀는 입을 크게
☐ 698	그 그림은 미술관에	☐ 713	너는 내일 일찍
☐ 699	그는 젊지만,	☐ 714	나는 화장실 솔로
☐ 700	나는 바다 냄새를	☐ 715	탁자 앞에
☐ 701	그녀의 고양이는	☐ 716	나는 너무 피곤해서
☐ 702	이것 좀	☐ 717	그는 오늘 오후에
☐ 703	소방관이 불을	☐ 718	나는 경기장에서
☐ 704	우리는 딱 제시간에	☐ 719	그녀의 젓가락이
☐ 705	그 가게는 길	☐ 720	나는 큰 차를

여러분을 응원합니다 !

**한글영어학습에 대해서 궁금한 점이 있다면
한글영어 공식카페로 질문해주세요.**

한글영어 공식카페

🔍 https://cafe.naver.com/korchinese

모든 질문에 성심껏
답변을 드리도록 하겠습니다.

"한글발음을 읽을 때,
영어소리를 온몸으로 느낀다고 생각하며 읽는다"
ㅍ, ㄹ, ㅂ 는 각각 f, r, v 발음 표시
진한 발음은 강세 표시

번 호	단어발음	문장발음
☐ 721	스띨:	· 디 쥬 스띨: 댈 **머**니?
☐ 722	프**리**디	· 댈 플라워r 이즈 스몰: 앤 프**리**디.
☐ 723	**퍼**:r쓴	· 이즈 댙 **퍼**:r쓴 유어r 프렌드?
☐ 724	**오**:픈	· 하우 **오**:픈 두 유 고우 투 춰:r취?
☐ 725	**쏠**:티	· 디쓰 쑤웊 이즈 투: **쏠**:티.
☐ 726	비트**윈**:	· 이츠 비트**윈**: 더 **베**이커리 앤(드) 더 뱅크.
☐ 727	네임	· 두 유 노우 웥 허r 네임 이즈?
☐ 728	컬렉트	· 쉬 라잌쓰 투 컬렉트 스땜쓰.
☐ 729	**퍼**:r스트	· 웥 타임 이즈 더 **퍼**:r스(트) 추레인 투 **부**산?
☐ 730	**옐**로우	· 픽 엎 더 **옐**로우 크**레**이욘.
☐ 731	**씨**:	· 캔 유 **씨**: 더 **피**니쉬 라인?
☐ 732	킹	· 히 워즈 더 킹 어브 **잉**글랜드.
☐ 733	크윌	· 위 닏: 투 메잌 어 크윌 디**씨**줜.
☐ 734	덴	· 아이 워즈 **베**리 영: 덴.
☐ 735	쮜**래**프	· 더 쮜**래**프 이즈 **베**리 톨:.

번 호	단어의미	문장의미
□ 721	훔치다	· 당신이 그 돈을 훔쳤나요?
□ 722	예쁜	· 저 꽃은 작고 예쁘다.
□ 723	사람	· 저 사람은 당신 친구인가요?
□ 724	자주	· 당신은 교회에 얼마나 자주 가세요?
□ 725	짠맛이 나는	· 이 수프는 너무 짜다.
□ 726	~ 사이에	· 그것은 제과점과 은행 사이에 있다.
□ 727	이름	· 당신은 그녀의 이름이 뭔지 아나요?
□ 728	모으다	· 그녀는 우표를 모으는 것을 좋아한다.
□ 729	첫 번째	· 부산으로 가는 첫 기차는 몇 시인가요?
□ 730	노란색의	· 노란색 크레용을 집어 들어라.
□ 731	보다	· 당신은 결승선이 보이나요?
□ 732	왕	· 그는 영국의 왕이었다.
□ 733	빠른	· 우리는 빠른 결정을 내릴 필요가 있다.
□ 734	그때	· 나는 그때 매우 어렸다.
□ 735	기린	· 기린은 매우 키가 크다.

50 ^{일차}

736 - 750

번 호	단어발음	문장발음
☐ 736	**펄리:쓰 카:r**	· 어 **펄리:쓰 카:r** 어**라**이브드 앹 디 **액**씨든(트) 씬:.
☐ 737	**오:r더r**	· 더 **쏘**울줘r **팔**로우(드) 디 **오:r더r.**
☐ 738	**오운리**	· **오운리** 유 캔 **엔**터r 더 **룸**:.
☐ 739	**쌘드**	· 히즈 슈:즈 워r 풀 어브 **쌘드.**
☐ 740	**애프터r**	· 피:쓰 케임 **애프터r** 더 워:r.
☐ 741	레인	· 숟: 잍 윌 스따r(트) 투 레인.
☐ 742	**언틸**	· 아이 캔트 웨잍 언**틸** 쉬 어**라**이브즈.
☐ 743	레이니	· 아이 도운(트) 라일 레이니 데이즈.
☐ 744	**팩트**	· 쉬 토울(드) 미 썸 **인**추레스팅 팩츠.
☐ 745	티:취	· 아이 톹: 힘 하우 투 주라이브 어 카:r.
☐ 746	**머스트**	· 유 머스트 패쓰 디쓰 테스트.
☐ 747	월:	· 더 월: 워즈 메잍 어브 브릭쓰.
☐ 748	**모우멘트**	· **에브리:** **모우멘트** 이즈 프레셔스 퍼r 미.
☐ 749	토우드	· 어 토우드 이즈 **디퍼런트** 프럼 어 프랔:.
☐ 750	에어r	· 디 에어r 워즈 클린: 앤(드) 프레쉬.

번호	단어의미	문장의미
□ 736	경찰차	· 경찰차가 사고현장에 도착했다.
□ 737	명령	· 그 병사는 명령을 따랐다.
□ 738	오직 ~만의	· 오직 너만이 방에 들어갈 수 있다.
□ 739	모래	· 그의 신발은 모래로 가득 차 있었다.
□ 740	~후에	· 평화가 전쟁이 끝난 후에 찾아왔다.
□ 741	비가 오다	· 곧 비가 오기 시작할 것이다.
□ 742	~ 까지	· 나는 그녀가 도착할 때까지 기다릴 수 없다.
□ 743	비 오는	· 나는 비 오는 날을 좋아하지 않는다.
□ 744	사실	· 그녀는 나에게 몇 가지 재밌는 사실을 말했다.
□ 745	가르치다	· 나는 그에게 차를 운전하는 법을 가르쳤다.
□ 746	~해야만 한다	· 너는 이번 시험을 반드시 통과해야만 한다.
□ 747	벽	· 그 벽은 벽돌로 만들어졌다.
□ 748	순간	· 모든 순간은 나에게 소중하다.
□ 749	두꺼비	· 두꺼비는 개구리와는 다르다.
□ 750	공기	· 공기가 맑고 신선했다.

51 일차

751 - 765

번 호	단어발음	문장발음
☐ 751	브랜취	· 히 컽 어 브랜취 프럼 더 추리:.
☐ 752	그레이드	· 마이 파이널 그레이드 워즈 하이.
☐ 753	타임	· 윁 타임 아r 유 고잉 투 리:브?
☐ 754	머취	· 히 워즈 언더r 머취 스추레쓰.
☐ 755	루:트	· 더 추리: 해즈 스추롱: 루:츠.
☐ 756	쿨:	· 더 스추림: 워즈 베리 쿨:.
☐ 757	주라이버r	· 더 주라이버r 주로우브 더 카:r 패스트.
☐ 758	브라운	· 쉬 라잌쓰 더 브라운 독:.
☐ 759	필	· 필 더 컾 위드 코울드 워:러r.
☐ 760	프라이쓰	· 히 풑 어 프라이쓰 택 온 더 백.
☐ 761	플랱	· 디 어:r쓰 이즈 낱 플랱.
☐ 762	씥	· 플리:즈 씥 다운 인 더 췌어r.
☐ 763	모:r닝	· 아이 같 엎 어:r얼리 디쓰 모:r닝.
☐ 764	뮤:직	· 두 유 리쓴 투 뮤:직 오:픈?
☐ 765	매니	· 쉬 추래블(드) 투 매니 컨추리즈.

번 호	단어의미	문장의미
☐ 751	나뭇가지	· 그는 나무에서 나뭇가지를 잘라냈다.
☐ 752	성적	· 나의 마지막 성적은 높았다.
☐ 753	시간	· 당신은 몇 시에 떠나실 건가요?
☐ 754	많은	· 그는 많은 스트레스를 받았다.
☐ 755	뿌리	· 그 나무는 튼튼한 뿌리를 가지고 있다.
☐ 756	시원한	· 그 개울은 매우 시원했다.
☐ 757	운전사	· 그 운전사는 차를 빨리 몰았다.
☐ 758	갈색의	· 그녀는 갈색 개를 좋아한다.
☐ 759	채우다	· 컵을 찬물로 채워라.
☐ 760	가격	· 그는 가방에 가격표를 붙였다.
☐ 761	평평한	· 지구는 평평하지 않다.
☐ 762	앉다	· 의자에 앉아주세요.
☐ 763	아침	· 나는 오늘 아침에 일찍 일어났다.
☐ 764	음악	· 당신은 음악을 자주 듣나요?
☐ 765	많은	· 그녀는 많은 나라를 여행했다.

52 ^{일차}

766 - 780

번 호	단어발음	문장발음
☐ 766	**스프링**	· 스프링 이즈 어 **러블**리 **씨:**즌.
☐ 767	온	· 더 컵 이즈 온 더 **테이**블.
☐ 768	올:	· 아이 에잍 올: 어브 더 파이 바이 마이**쎌**프.
☐ 769	스까이	· 더 스까이 이즈 **베리** 클리어r 투데이.
☐ 770	**키췬**	· 히 워즈 **쿠**킹 인 더 **키췬**.
☐ 771	민:	· 월 더즈 댙 워:r드 민:?
☐ 772	**데인줘**r	· 더 웨이 어**헤**드 이즈 풀 어브 **데인줘**r.
☐ 773	**싸일**런트	· 더 **췰**드런즈 **룸:** 워즈 **베리** **싸일**런트.
☐ 774	**달**핀	· 더 **달**핀 크**위**끌리 **팔**로우드 어쓰.
☐ 775	**피쉬**	· 쉬 콭: 더 **피**쉬 위드 허r 핸즈.
☐ 776	**그린:**	· 더 **그**래쓰 인 더 플**레**이그**라**운드 이즈 **그린:**.
☐ 777	행	· 캔 유 행 엎 디쓰 **페**인팅?
☐ 778	**웨스**트	· 더 **타**운 이즈 **웨스**트 어브 히어r.
☐ 779	스뗖	· 쉬 툭 어 스뗖 **포:**r워r드.
☐ 780	맆	· 히 빝 히즈 맆쓰 하:r드.

번호	단어의미	문장의미
☐ 766	봄	· 봄은 아름다운 계절이다.
☐ 767	~위에	· 컵이 탁자 위에 있다.
☐ 768	모든	· 나는 혼자서 모든 파이를 먹었다.
☐ 769	하늘	· 하늘이 오늘은 매우 맑다.
☐ 770	부엌	· 그는 부엌에서 요리하고 있었다.
☐ 771	의미하다	· 그 단어는 무엇을 의미하나요?
☐ 772	위험	· 앞길은 위험으로 가득 차 있다.
☐ 773	조용한	· 아이들의 방은 매우 조용했다.
☐ 774	돌고래	· 그 돌고래는 우리를 빠르게 따라왔다.
☐ 775	물고기	· 그녀는 손으로 물고기를 잡았다.
☐ 776	녹색의	· 운동장에 있는 잔디는 녹색이다.
☐ 777	걸다	· 이 그림 좀 걸어줄래요?
☐ 778	서쪽	· 그 마을은 여기서 서쪽에 있다.
☐ 779	걸음	· 그녀는 앞으로 한 걸음 나아갔다.
☐ 780	입술	· 그는 입술을 세게 깨물었다.

번호	단어발음	문장발음
□ 781	**마**우쓰	· 더 마우쓰 <u>랜</u> 어웨이 크**위**끌리.
□ 782	터취	· 도운(트) 터취 더 핱 **어븐**.
□ 783	**토**이	· 히 같 어 뉴: 토이 퍼r 히즈 **버:r**쓰데이.
□ 784	비**커**즈	· 아이 같 웰 비**커**즈 잍 레인드.
□ 785	**라**이브<u>레리</u>	· 더 **라**이브레리 워즈 **베리** 크**와**이얼.
□ 786	<u>푸:드</u>	· 레츠 잍: 썸 푸:드 라잍 나우.
□ 787	**씨**밀러r	· 더 트윈 브**라**더rz 아r <u>**베리**</u> **씨**밀러r.
□ 788	맾	· 아이 파운(드) 더 씨티 온 더 맾.
□ 789	턴:	· 턴: 더 **핸**들 투 더 라잍.
□ 790	**밀**리언	· 더 하우쓰 코:스츠 오우**버**r 어 **밀**리언 달러rz.
□ 791	**호:r**스	· **호:r**시스 아r <u>**베리**</u> 굳 앹 **러**닝.
□ 792	클**로**우즈	· 플리:즈 클**로**우즈 더 **윈**도우 타일리.
□ 793	디**싸**이드	· 아이 디**싸**이딛 투 크윝 스**모**우킹.
□ 794	**써:r**클	· 더 촤일드 주<u>로:</u> 더 **써:r**클 케어r플리.
□ 795	**엉**클	· 히 이즈 마이 **페**어버릴 **엉**클.

번호	단어의미	문장의미
□ 781	쥐	· 그 쥐는 재빨리 달아났다.
□ 782	만지다	· 뜨거운 오븐을 만지지 마라.
□ 783	장난감	· 그는 생일 선물로 새 장난감을 받았다.
□ 784	~때문에	· 나는 비가 왔기 때문에 젖었다.
□ 785	도서관	· 그 도서관은 매우 조용했다.
□ 786	음식	· 지금 당장 음식을 좀 먹자.
□ 787	비슷한	· 그 쌍둥이 형제는 매우 비슷하다.
□ 788	지도	· 나는 지도에서 도시를 찾았다.
□ 789	돌리다	· 손잡이를 오른쪽으로 돌려라.
□ 790	100만	· 그 집은 가격이 100만 달러가 넘는다.
□ 791	말	· 말은 달리기를 아주 잘 한다.
□ 792	닫다	· 창문을 꽉 닫아주세요.
□ 793	결심하다	· 나는 금연하기를 결심했다.
□ 794	원	· 그 아이는 조심스럽게 원을 그렸다.
□ 795	삼촌	· 그는 내가 제일 좋아하는 삼촌이다.

796 - 810

번 호	단어발음	문장발음
☐ 796	<u>리</u>:드	· 아이 원:(트) 투 <u>리</u>:드 어 북.
☐ 797	<u>스추롱</u>:	· 히 워즈 <u>스추롱</u>: 이너프 투 리프트 어 <u>락</u>:.
☐ 798	**투:**	· 아이 앰 온 마이 웨이 데어r. **투:**.
☐ 799	**쇼**울더r	· 히 니:딛 어 **쇼**울더r 머**싸**:쥐.
☐ 800	**밀:**	· 더 **밀:** 워즈 **베리** 딜리셔쓰.
☐ 801	얼**롱:**	· 위 월:트 얼**롱:** 더 비:취.
☐ 802	**파**킽	· 더 코인즈 아r 인 마이 셔:r트 **파**킽.
☐ 803	쇼우	· 쉬 쇼욷 미 히즈 **레**러r.
☐ 804	**게**일	· 더 **랜**드로:r드 셭 더 게일.
☐ 805	위드	· 아이 웬(트) **샤**삥 위드 **빌리 예**스터r데이.
☐ 806	프**라**블럼	· 아이 해브 어 빅 프**라**블럼.
☐ 807	코<u>리</u>:언	· 데이 아r 코<u>리</u>:언 앤(드) 어**메**<u>리</u>컨.
☐ 808	**컴**뻐니	· 쉬 월:r쓰 <u>퍼</u>r 어 카:r **컴**뻐니.
☐ 809	**미**들	· 아이 스뚣 인 더 **미**들 어브 어 필:드.
☐ 810	히어r	· 디 쥬 히어r 더 뉴:(즈) 스토:리?

번호	단어의미	문장의미
□ 796	**읽다**	· 나는 책을 한 권 읽고 싶다.
□ 797	힘센	· 그는 바위를 들어 올릴 만큼 힘이 셌다.
□ 798	**역시**	· 나 역시 거기에 가는 중이다.
□ 799	어깨	· 그는 어깨 마사지가 필요했다.
□ 800	**식사**	· 식사는 매우 맛있었다.
□ 801	~을 따라서	· 우리는 해변을 따라서 걸었다.
□ 802	**주머니**	· 동전들은 내 셔츠 주머니에 있다.
□ 803	보여주다	· 그녀는 나에게 그의 편지를 보여주었다.
□ 804	**대문**	· 집주인이 대문을 닫았다.
□ 805	~와 함께	· 나는 어제 빌리와 함께 쇼핑을 갔다.
□ 806	**문제**	· 나에게 큰 문제가 생겼다.
□ 807	한국인	· 그들은 한국인과 미국인이다.
□ 808	**회사**	· 그녀는 자동차 회사에서 일한다.
□ 809	가운데	· 나는 들판 가운데에 서 있었다.
□ 810	**듣다**	· 당신은 그 뉴스 기사를 들었나요?

번호	힌트	번호	힌트
□ 721	디 쥬 스띨:	□ 736	어 펄리:쓰 카:r 어라이브드
□ 722	댈 플라워r 이즈	□ 737	더 쏘울줘r 팔로우(드)
□ 723	이즈 댈 퍼:r쓴	□ 738	오운리 유 캔 엔터r
□ 724	하우 오:픈 두 유	□ 739	히즈 슈:즈 워r
□ 725	디쓰 쑤웊 이즈	□ 740	피:쓰 케임 애프터r
□ 726	이츠 비트윈: 더	□ 741	순: 잍 윌 스따r(트)
□ 727	두 유 노우 월	□ 742	아이 캔트 웨잍 언틸
□ 728	쉬 라잌쓰 투 컬렉트	□ 743	아이 도운(트) 라잌
□ 729	월 타임 이즈 더	□ 744	쉬 토울(드) 미 썸
□ 730	픽 엎 더 옐로우	□ 745	아이 톨: 힘 하우 투
□ 731	캔 유 씨: 더	□ 746	유 머스트 패쓰
□ 732	히 워즈 더 킹	□ 747	더 윌: 워즈 메인
□ 733	위 닏: 투 메잌	□ 748	에브리: 모우멘트 이즈
□ 734	아이 워즈 베리	□ 749	어 토우드 이즈 디퍼런트
□ 735	더 쥐래프 이즈	□ 750	디 에어r 워즈 클린:

번호	힌 트	번호	힌 트
□ 751	히 컽 어 브랜취	□ 766	스프링 이즈 어
□ 752	마이 **파**이널 그레이드	□ 767	더 컾 이즈 온
□ 753	윌 타임 아r 유 고잉	□ 768	아이 에일 올: 어브
□ 754	히 워즈 **언**더r 머취	□ 769	더 스까이 이즈 **베리**
□ 755	더 추리: 해즈	□ 770	히 워즈 **쿠**킹
□ 756	더 스추림: 워즈	□ 771	윌 더즈 댈 워:r드
□ 757	더 주**라**이브r 주로우브	□ 772	더 웨이 어**헤**드 이즈
□ 758	쉬 라익쓰 더	□ 773	더 **췰**드런즈 **룸**: 워즈
□ 759	필 더 컾 위드	□ 774	더 **달**핀 크**위**끌리
□ 760	히 풀 어 프**라**이쓰	□ 775	쉬 콜: 더 피쉬 위드
□ 761	디 어:r쓰 이즈	□ 776	더 그**래**쓰 인 더
□ 762	플리:즈 씯 다운	□ 777	캔 유 행 엎
□ 763	아이 같 엎 **어**:r얼리	□ 778	더 타운 이즈 웨스트
□ 764	두 유 **리**쓴 투	□ 779	쉬 툭 어 스뗖
□ 765	쉬 추**래**블(드) 투	□ 780	히 빝 히즈 맆쓰

번호	힌트	번호	힌트
☐ 781	더 마우쓰 <u>랜</u>	☐ 796	아이 원:(트) 투 <u>리</u>:드
☐ 782	도운(트) 터취	☐ 797	히 워즈 스추롱: 이<u>너프</u>
☐ 783	히 같 어 뉴: 토이	☐ 798	아이 앰 온 마이
☐ 784	아이 같 웰 비<u>커</u>즈	☐ 799	히 니:딛 어 **쇼**울더r
☐ 785	더 **라**이브레리 워즈	☐ 800	더 밀: 워즈 **베**리
☐ 786	레츠 잍: 썸 포:드	☐ 801	위 윌:트 얼롱:
☐ 787	더 트윈 브<u>라</u>더r즈	☐ 802	더 코인즈 아r 인
☐ 788	아이 <u>파</u>운(드) 더	☐ 803	쉬 쇼운 미
☐ 789	턴: 더 **핸**들 투	☐ 804	더 **랜**드로:r드
☐ 790	더 하우쓰 코:스츠	☐ 805	아이 웬(트) **샤**삥
☐ 791	호:r시스 아r <u>베</u>리	☐ 806	아이 해브 어 빅
☐ 792	플리:즈 클로우즈	☐ 807	데이 아r **코<u>리</u>**:언
☐ 793	아이 디<u>싸</u>이딛	☐ 808	쉬 월:r쓰 퍼r
☐ 794	더 촤일드 주<u>로</u>:	☐ 809	아이 스뚇 인 더
☐ 795	히 이즈 마이	☐ 810	디 쥬 히어r

번호	힌 트	번호	힌 트
☐ 721	당신이 그 돈을	☐ 736	경찰차가 사고현장에
☐ 722	저 꽃은 작고	☐ 737	그 병사는 명령을
☐ 723	저 사람은 당신	☐ 738	오직 너만이 방에
☐ 724	당신은 교회에	☐ 739	그의 신발은 모래로
☐ 725	이 수프는 너무	☐ 740	평화가 전쟁이 끝난
☐ 726	그것은 제과점과	☐ 741	곧 비가 오기
☐ 727	당신은 그녀의 이름이	☐ 742	나는 그녀가 도착할
☐ 728	그녀는 우표를 모으는	☐ 743	나는 비 오는 날을
☐ 729	부산으로 가는 첫	☐ 744	그녀는 나에게 몇 가지
☐ 730	노란색 크레용을	☐ 745	나는 그에게 차를
☐ 731	당신은 결승선이	☐ 746	너는 이번 시험을
☐ 732	그는 영국의	☐ 747	그 벽은 벽돌로
☐ 733	우리는 빠른 결정을	☐ 748	모든 순간은 나에게
☐ 734	나는 그때 매우	☐ 749	두꺼비는 개구리와는
☐ 735	기린은 매우	☐ 750	공기가 맑고

번호	힌트	번호	힌트
□ 751	그는 나무에서	□ 766	봄은 아름다운
□ 752	나의 마지막	□ 767	컵이 탁자 위에
□ 753	당신은 몇 시에	□ 768	나는 혼자서 모든
□ 754	그는 많은 스트레스를	□ 769	하늘이 오늘은
□ 755	그 나무는 튼튼한	□ 770	그는 부엌에서
□ 756	그 개울은 매우	□ 771	그 단어는 무엇을
□ 757	그 운전사는 차를	□ 772	앞길은 위험으로
□ 758	그녀는 갈색 개를	□ 773	아이들의 방은 매우
□ 759	컵을 찬물로	□ 774	그 돌고래는 우리를
□ 760	그는 가방에	□ 775	그녀는 손으로
□ 761	지구는 평평하지	□ 776	운동장에 있는 잔디는
□ 762	의자에	□ 777	이 그림 좀
□ 763	나는 오늘 아침에	□ 778	그 마을은 여기서
□ 764	당신은 음악을	□ 779	그녀는 앞으로 한
□ 765	그녀는 많은 나라를	□ 780	그는 입술을 세게

번호	힌트	번호	힌트
☐ 781	그 쥐는 재빨리	☐ 796	나는 책을 한 권
☐ 782	뜨거운 오븐을	☐ 797	그는 바위를 들어
☐ 783	그는 생일 선물로	☐ 798	나 역시 거기에
☐ 784	나는 비가 왔기	☐ 799	그는 어깨 마사지가
☐ 785	그 도서관은 매우	☐ 800	식사는 매우
☐ 786	지금 당장 음식을	☐ 801	우리는 해변을
☐ 787	그 쌍둥이 형제는	☐ 802	동전들은 내 셔츠
☐ 788	나는 지도에서	☐ 803	그녀는 나에게
☐ 789	손잡이를 오른쪽으로	☐ 804	집주인이 대문을
☐ 790	그 집은 가격이	☐ 805	나는 어제 빌리와
☐ 791	말은 달리기를	☐ 806	나에게 큰 문제가
☐ 792	창문을 꽉	☐ 807	그들은 한국인과
☐ 793	나는 금연하기를	☐ 808	그녀는 자동차
☐ 794	그 아이는 조심스럽게	☐ 809	나는 들판 가운데에
☐ 795	그는 내가 제일	☐ 810	당신은 그 뉴스

여러분을 응원합니다 !

한글영어학습에 대해서 궁금한 점이 있다면
한글영어 공식카페로 질문해주세요.

한글영어 공식카페

🔍 https://cafe.naver.com/korchinese

모든 질문에 성심껏
답변을 드리도록 하겠습니다.

"한글발음을 읽을 때,
영어소리를 온몸으로 느낀다고 생각하며 읽는다"

ㅍ, ㄹ, ㅂ 는 각각 f, r, v 발음 표시

진한 발음은 강세 표시

811 - 825

번 호	단어발음	문장발음
□ 811	**만**스떠r	· 데어r 워즈 어 **만**스떠r 인 더 워즈.
□ 812	벤취	· 쉬 쌭 온 더 벤취.
□ 813	**레**스추런트	· 레츠 잍: 런취 앹 댙 **레**스추런트.
□ 814	브레이브	· 더 나잍 워즈 베리 브레이브.
□ 815	뉴:	· 히 니:즈 썸 뉴: 클로우즈.
□ 816	라운드	· 디 어:r쓰 이즈 라운드 라잌 어 볼:.
□ 817	**윈**터r	**윈**터r 이즈 **베**리 코울드.
□ 818	듀어링	· 도운(트) 톡: **듀**어링 더 무:비.
□ 819	**베**주룸:	· 더 **베**주룸: 워즈 **베**리 스몰:.
□ 820	써r프라이즈드	· 아이 워즈 써r**프라**이즈(드) 투 씨: 힘 히어r.
□ 821	두	· 캔 유 두 썸띵 **퍼**r 미?
□ 822	툴:	· 어 **해**머r 이즈 어 **유**:스플 툴:.
□ 823	**헤**븐	· 히 다이드 앤(드) 웬(트) 투 **헤**븐.
□ 824	그랜파:더r	· 마이 **그랜파**:더r 워즈 카인(드) 투 미.
□ 825	샤:r크	· 매니 **피**:쁠 아r 어프**레**이드 어브 샥:r쓰.

번 호	단어의미	문장의미
☐ 811	괴물	· 숲속에 괴물이 있었다.
☐ 812	긴 의자	· 그녀는 긴 의자에 앉았다.
☐ 813	식당	· 그 식당에서 점심을 먹자.
☐ 814	용감한	· 그 기사는 매우 용감했다.
☐ 815	새로운	· 그는 새 옷이 좀 필요하다.
☐ 816	둥근	· 지구는 공처럼 둥글다.
☐ 817	겨울	· 겨울은 매우 춥다.
☐ 818	~ 동안	· 영화 보는 동안 말하지 마세요.
☐ 819	침실	· 그 침실은 매우 작았다.
☐ 820	놀란	· 나는 여기서 그를 보고 놀랐다.
☐ 821	하다	· 저를 위해 뭔가를 해줄 수 있나요?
☐ 822	도구	· 망치는 유용한 도구다.
☐ 823	천국	· 그는 죽어서 천국으로 갔다.
☐ 824	할아버지	· 나의 할아버지는 나에게 친절하셨다.
☐ 825	상어	· 많은 사람이 상어를 두려워한다.

56 일차

826 - 840

번 호	단어발음	문장발음
826	무:비	· 더 **무:비** 워즈 **리:**얼리 **보:**링.
827	스또운	· 히 쓰루: 어 스또운 앹 더 버:r드.
828	디어r	· 쉬 이즈 마이 디어r 프렌드.
829	메일 캐리어r	· 더 **메**일 **캐리**어r 딜리**버**r드 마이 **레**러r.
830	스추레인쥐	· 쉬 해즈 어 **리:**얼리 스추레인쥐 **하**비.
831	풀볼:	· 플리:즈 티:취 미 하우 투 킥 어 **풀**볼:.
832	라이트	· 턴 더 라잍 오프 라잍 나우.
833	프라우드	· 히 워즈 프라우드 오브 히즈 썬.
834	메이크	· 캔 유 메잌 **쿠**키즈?
835	크윈:	· 쉬 이즈 더 크윈: 어브 **잉**글랜드.
836	오:피쓰	· 아일 쑈우 유 투 히즈 **오:**피쓰.
837	핸드	· 히즈 핸드 워즈 **쉐**이킹 **배**들리.
838	스또어r	· 윁 더즈 댙 스또어r 쎌?
839	씸플	· 윁 아이 앰 쎄잉 이즈 **씸**플.
840	라이크	· 아이 **리:**얼리 라잌 **촤:**컬맅 밀크.

번호	단어의미	문장의미
☐ 826	영화	· 그 영화는 정말 지루했다.
☐ 827	돌	· 그는 새에게 돌을 던졌다.
☐ 828	소중한	· 그녀는 나의 소중한 친구다.
☐ 829	우편 집배원	· 우편 집배원이 내 편지를 배달했다.
☐ 830	이상한	· 그녀는 정말 이상한 취미를 가지고 있다.
☐ 831	축구공	· 축구공 차는 법을 가르쳐주세요.
☐ 832	전깃불	· 지금 바로 전깃불을 끄세요.
☐ 833	자랑스러워하는	· 그는 자기 아들을 자랑스러워했다.
☐ 834	만들다	· 당신은 쿠키를 만들 수 있나요?
☐ 835	여왕	· 그녀는 영국의 여왕이다.
☐ 836	사무실	· 내가 그의 사무실까지 안내하겠다.
☐ 837	손	· 그의 손이 심하게 떨리고 있었다.
☐ 838	가게	· 저 가게는 무엇을 파나요?
☐ 839	간단한	· 내가 말하고 있는 것은 간단하다.
☐ 840	좋아하다	· 나는 초콜릿 우유를 정말 좋아한다.

57 일차

번호	단어발음	문장발음
☐ 841	리:프	· 더 리:프 블루: 어**웨**이 인 더 윈드.
☐ 842	푸어r	· 데이 워r 어 푸어r **페**밀리.
☐ 843	리:드	· 히 윌 리:(드) 디쓰 **미:**링.
☐ 844	베케이션	· **써**머r 베케이션 이즈 스따:r팅 순:.
☐ 845	맽취	· 더 췌쓰 맽취 워즈 **베리** 인추레스팅.
☐ 846	**헤**데잌	· 아이 해브 어 밷 **헤**데잌 투데이.
☐ 847	**레**쓴	· 디 **잉**글리쉬 **레**쓴 워즈 투: **디피**컬트.
☐ 848	니:	· 히 펠 앤(드) 헐:r 히즈 니:.
☐ 849	**마**운튼	· 웥 이즈 더 **비**게스트 **마**운튼 인 **코리:**아?
☐ 850	쵸:크	· 쉬 주로: 더 **타**이거r 위드 초:크.
☐ 851	벨	· 더 벨 **써**든리 랭 **라**우들리.
☐ 852	프렌드	· 마이 프렌드 이즈 **베리** 카인(드) 투 미.
☐ 853	박쓰	· 더 캩 쌭 온 더 박쓰.
☐ 854	원더r플	· 아이 핻 어 **원**더r플 타임 투나잍.
☐ 855	**핸**들	· 턴 더 **핸**들 투 더 라잍.

번호	단어의미	문장의미
□ 841	**나뭇잎**	· 나뭇잎이 바람에 날아갔다.
□ 842	가난한	· 그들은 가난한 가족이었다.
□ 843	**이끌다**	· 그가 이 회의를 이끌 것이다.
□ 844	방학	· 여름방학이 곧 시작된다.
□ 845	**시합**	· 체스 시합은 정말 흥미로웠다.
□ 846	두통	· 나는 오늘 두통이 심하다.
□ 847	**수업**	· 영어 수업은 너무 어려웠다.
□ 848	무릎	· 그는 넘어져서 무릎을 다쳤다.
□ 849	**산**	· 한국에서 제일 큰 산은 무엇인가요?
□ 850	분필	· 그녀는 분필로 호랑이를 그렸다.
□ 851	**종**	· 종이 갑자기 크게 울렸다.
□ 852	친구	· 내 친구는 나에게 매우 친절하다.
□ 853	**상자**	· 고양이는 상자 위에 앉았다.
□ 854	멋진	· 나는 오늘 밤 멋진 시간을 보냈다.
□ 855	**손잡이**	· 손잡이를 오른쪽으로 돌리세요.

856 - 870

번호	단어발음	문장발음
☐ 856	**주링크**	· 아이 워즈 쏘우 **떠:**r스티 댈 아이 주랭크 썸 **워:**러r.
☐ 857	하우쓰	· 더 하우쓰 이즈 스몰: 벝 **코**우지.
☐ 858	데스크	· 히 스**떠**딘 매쓰 앹 히즈 데스크.
☐ 859	아이쓰	· 풑 썸 아이쓰 인 더 코욱.
☐ 860	**미:트**	· 웨어r 슏 위 밑: **레**이러r?
☐ 861	팔쓰	· 더 팔쓰 워즈 스마:r터r 댄 더 **라**이언.
☐ 862	**비질**	· 아이 슏 **비**질 마이 **페**어런츠 디쓰 위켄드.
☐ 863	클락	· 위 헝 더 클락 온 더 월:.
☐ 864	**배스킽**	· 풑 더 **플라**워r즈 인 더 **배**스킽.
☐ 865	라인	· 히 주로: 어 라인 위드 어 **룰:**러r.
☐ 866	팬츠	· 디:즈 팬츠 도운(트) 핕 미.
☐ 867	티:	· 그린: 티: 이즈 **베**리 테이스티.
☐ 868	**씨**저r즈	· 아이 컽 더 **컬**러r드 **페**이빼r 위드 **씨**저r즈.
☐ 869	프락:	· 더 프락: 줨트 인투 더 **워:**러r.
☐ 870	**카인드**	· 유 슏 비 어 카인드 **퍼:**r쓴.

번호	단어의미	문장의미
☐ 856	**마시다**	· 나는 너무 목이 말라서 물을 좀 마셨다.
☐ 857	집	· 그 집은 작지만 아늑하다.
☐ 858	**책상**	· 그는 책상에서 수학을 공부했다.
☐ 859	얼음	· 콜라에 얼음을 좀 넣어라.
☐ 860	**만나다**	· 우리 나중에 어디서 만날까요?
☐ 861	여우	· 여우는 사자보다 더 똑똑했다.
☐ 862	**방문하다**	· 나는 이번 주말에 부모님을 방문해야 한다.
☐ 863	시계	· 우리는 벽에 시계를 걸었다.
☐ 864	**바구니**	· 꽃을 바구니에 담으세요.
☐ 865	선	· 그는 자로 선을 그었다.
☐ 866	**바지**	· 이 바지는 나에게 맞지 않는다.
☐ 867	차	· 녹차는 매우 맛있다.
☐ 868	**가위**	· 나는 가위로 색종이를 잘랐다.
☐ 869	개구리	· 개구리는 물속으로 뛰었다.
☐ 870	**친절한**	· 너는 친절한 사람이 되어야 한다.

번 호	단어발음	문장발음
☐ 871	**뷰:리플**	· 쉬 워즈 어 **뷰:**리플 브라이드.
☐ 872	쏘웊	· 와쉬 유어r 핸즈 위드 쏘웊.
☐ 873	케이쓰	· 쉬 켙트 허r **주:**얼리 인 더 케이쓰.
☐ 874	데어r	· 후 이즈 더 톨: 맨 **오우버**r 데어r?
☐ 875	샤인	· 샤인 더 라잍 **오우버**r 히어r.
☐ 876	쥠프	· 아이 캔트 쥠프 애즈 **하**이 애즈 쉬 캔.
☐ 877	조인	· 아이 원:(트) 투 조인 더 **싸**이언쓰 클럽.
☐ 878	**씨**스터r	· 쉬 해즈 어 영거r **씨**스터r.
☐ 879	스땐드	· 플리:즈 스땐드 비**하**인(드) 더 라인.
☐ 880	**펄리:**스맨	· 더 **펄리:**스맨 어**레**스틷 더 띠:프.
☐ 881	**매**그닡	· 풑 더 매그닡 온 더 **리프리**줘레이터r.
☐ 882	**발**리볼:	· 아워r **발**리볼: 팀: 원 더 매취.
☐ 883	앤트	· 히 이즈 스떼잉 위드 히즈 앤트.
☐ 884	스톰:	· 더 스톰: 디스추**로**이드 매니 하우시스.
☐ 885	스윔	· 레츠 고우 스위밍 인 더 레이크.

번 호	단어의미	문장의미
□ 871	아름다운	· 그녀는 아름다운 신부였다.
□ 872	비누	· 비누로 손을 씻으세요.
□ 873	상자	· 그녀는 보석을 상자에 보관했다.
□ 874	저기에	· 저기 키가 큰 남자는 누구인가요?
□ 875	비추다	· 여기로 불빛을 비춰보세요.
□ 876	뛰다	· 나는 그녀만큼 높이 뛸 수 없다.
□ 877	참가하다	· 나는 과학 클럽에 참가하고 싶다.
□ 878	여동생	· 그녀는 여동생이 한 명 있다.
□ 879	서다	· 줄 뒤에 서세요.
□ 880	경찰관	· 경찰관은 도둑을 체포했다.
□ 881	자석	· 자석을 냉장고에 붙여라.
□ 882	배구	· 우리 배구팀이 경기에서 이겼다.
□ 883	이모	· 그는 이모와 함께 머물고 있다.
□ 884	폭풍	· 폭풍이 많은 집을 파괴했다.
□ 885	수영하다	· 호수에 수영하러 가자.

번호	단어발음	문장발음
☐ 886	**너:r쓰**	· 더 너:r쓰 게이브 힘 어 샽.
☐ 887	**디퍼런쓰**	· 아이 뉴: 더 **디퍼런쓰** 비트윈: 뎀.
☐ 888	**데쓰**	· "아임 낱 어프레이드 오브 데쓰," 히 쎄드.
☐ 889	**인조이**	· 디 쥬 인조이 유어r **할러데이**?
☐ 890	**디쉬**	· 아이 니:드 어 스몰: 디쉬 퍼r 디쓰.
☐ 891	**플레이어r**	· 쉬 이즈 어 **발리볼:** 플레이어r.
☐ 892	**그랜마더r**	· 마이 **그랜**마더r 패쓰드 어웨이 투: 이어r즈 어고우.
☐ 893	**킾:**	· 플리:즈 킾 유어r **밸류:**어블즈 인 어 쎄이프 플레이쓰.
☐ 894	**다이**	· 유 윌 다이 이프 유 도운(트) 잍:.
☐ 895	**이어r**	· 쉬 그랩(드) 더 래비츠 이어r즈.
☐ 896	**포운**	· 윌 이즈 유어r 포운 **넘**버r?
☐ 897	**킹덤**	· 더 크윈: 룰:드 더 **킹**덤.
☐ 898	**쎈터r**	· 히 힐 더 **쎈**터r 어브 더 **타:r**겥.
☐ 899	**리를**	· 어 **리**를 보이 이즈 플레잉 위드 어 토이.
☐ 900	**쏭:**	· 아이 라익 디쓰 쏭: **베**리 머취.

번 호	단어의미	문장의미
☐ 886	**간호사**	· 간호사가 그에게 주사를 놓았다.
☐ 887	차이	· 나는 그들 사이의 차이를 알고 있었다.
☐ 888	**죽음**	· "나는 죽음이 두렵지 않다."라고 그는 말했다.
☐ 889	즐기다	· 당신은 휴가를 즐겁게 보내셨나요?
☐ 890	**접시**	· 나는 이것을 위해 작은 접시가 필요하다.
☐ 891	선수	· 그녀는 배구선수다.
☐ 892	**할머니**	· 나의 할머니는 2년 전에 돌아가셨다.
☐ 893	보관하다	· 귀중품은 안전한 장소에 보관하세요.
☐ 894	**죽다**	· 너는 먹지 않으면 죽을 것이다.
☐ 895	귀	· 그녀는 토끼의 귀를 잡았다.
☐ 896	**전화**	· 당신의 전화번호가 어떻게 되시나요?
☐ 897	왕국	· 여왕이 왕국을 다스렸다.
☐ 898	**중앙**	· 그는 목표물의 중앙을 맞혔다.
☐ 899	어린	· 어린 소년이 장난감을 가지고 놀고 있다.
☐ 900	**노래**	· 나는 이 노래를 매우 좋아한다.

번호	힌 트	번호	힌 트
☐ 811	데어r 워즈 어	☐ 826	더 **무:비** 워즈
☐ 812	쉬 쌜 온	☐ 827	히 <u>쓰루:</u> 어 스또운
☐ 813	레츠 잍: 런취	☐ 828	쉬 이즈 마이
☐ 814	더 나잍 워즈	☐ 829	더 **메일 캐<u>리</u>어r**
☐ 815	히 니:즈 썸	☐ 830	쉬 해즈 어 **리:**얼리
☐ 816	디 어:r쓰 이즈	☐ 831	플리:즈 티:취 미
☐ 817	**윈**터r 이즈 **베<u>리</u>**	☐ 832	턴 더 라잍 오<u>프</u>
☐ 818	도운(트) 톡: **듀어<u>링</u>**	☐ 833	히 워즈 프라우드
☐ 819	더 **베주<u>룸:</u>** 워즈	☐ 834	캔 유 메일
☐ 820	아이 워즈 써r**프<u>라</u>**이즈(드)	☐ 835	쉬 이즈 더 크윈:
☐ 821	캔 유 두 썸띵	☐ 836	아일 쑈우 유 투
☐ 822	어 **해**머r 이즈	☐ 837	히즈 핸드 워즈
☐ 823	히 다이드 앤(드)	☐ 838	월 더즈 댙
☐ 824	마이 **그<u>랜파</u>:**더r 워즈	☐ 839	월 아이 앰 쎄잉
☐ 825	매니 **피:**쁠 아r	☐ 840	아이 **리:**얼리 라잌

57~58 일차

리뷰

번호	힌 트	번호	힌 트
841	더 리:프 블루: 어**웨**이	856	아이 워즈 쏘우 **떠:**r스티
842	데이 워r 어 푸어r	857	더 하우쓰 이즈 스몰:
843	히 윌 리:(드) 디쓰	858	히 스**떠**딛 매쓰 앹
844	**써**머r **베케**이션 이즈	859	풀 썸 아이쓰 인
845	더 췌쓰 맽취 워즈	860	웨어r 슢 위 밑:
846	아이 해브 어 밷	861	더 팔쓰 워즈 스마:r터r
847	디 **잉**글리쉬 **레**쓴	862	아이 슢 **비**짙 마이
848	히 펠 앤(드) 헐:r	863	위 헝 더 클락
849	윌 이즈 더 **비**게스트	864	풀 더 플**라**워r즈
850	쉬 주<u>로:</u> 더 **타**이거r	865	히 주<u>로:</u> 어 라인
851	더 벨 **써**든리 랭	866	디:즈 팬츠 도운(트)
852	마이 프렌드 이즈	867	<u>그린:</u> 티: 이즈 **베**리
853	더 캩 쌭 온	868	아이 컽 더 **컬**러r드
854	아이 핸 어 **원**더r플	869	더 <u>프락:</u> 쥠트 인투
855	턴 더 **핸**들 투	870	유 슢 비 어 카인드

205

번호	힌트	번호	힌트
☐ 871	쉬 워즈 어 **뷰:**리플	☐ 886	더 너:r쓰 게이브
☐ 872	와쉬 유어r 핸즈	☐ 887	아이 뉴: 더 **디퍼**런쓰
☐ 873	쉬 켚트 허r **주:**얼리	☐ 888	"아임 낱 어프**레**이드
☐ 874	후 이즈 더 톨: 맨	☐ 889	디 쥬 인**조**이
☐ 875	샤인 더 라잍	☐ 890	아이 니:드 어 스몰:
☐ 876	아이 캔트 쥠프	☐ 891	쉬 이즈 어 **발**리볼:
☐ 877	아이 원:(트) 투 조인	☐ 892	마이 그**랜**마더r 패쓰드
☐ 878	쉬 해즈 어 영거r	☐ 893	플리:즈 킾 유어r **밸류:**어블즈
☐ 879	플리:즈 스땐드	☐ 894	유 윌 다이 이프
☐ 880	더 펄**리:**스맨 어**레**스틴	☐ 895	쉬 그랩(드) 더
☐ 881	풑 더 매그닡 온	☐ 896	웥 이즈 유어r
☐ 882	아워r **발**리볼: 팀:	☐ 897	더 크윈: 룰:드
☐ 883	히 이즈 스떼잉 위드	☐ 898	히 힡 더 **쎈**터r 어브
☐ 884	더 스톰: 디스추**로**이드	☐ 899	어 **리**를 보이 이즈
☐ 885	레츠 고우 스위밍	☐ 900	아이 라잌 디쓰

번호	힌트	번호	힌트
☐ 811	숲속에	☐ 826	그 영화는 정말
☐ 812	그녀는 긴 의자에	☐ 827	그는 새에게 돌을
☐ 813	그 식당에서	☐ 828	그녀는 나의
☐ 814	그 기사는 매우	☐ 829	우편 집배원이
☐ 815	그는 새 옷이	☐ 830	그녀는 정말 이상한
☐ 816	지구는 공처럼	☐ 831	축구공 차는 법을
☐ 817	겨울은 매우	☐ 832	지금 바로 전깃불을
☐ 818	영화 보는 동안	☐ 833	그는 자기 아들을
☐ 819	그 침실은	☐ 834	당신은 쿠키를
☐ 820	나는 여기서	☐ 835	그녀는 영국의
☐ 821	저를 위해 뭔가를	☐ 836	내가 그의 사무실까지
☐ 822	망치는 유용한	☐ 837	그의 손이 심하게
☐ 823	그는 죽어서	☐ 838	저 가게는 무엇을
☐ 824	나의 할아버지는	☐ 839	내가 말하고 있는 것은
☐ 825	많은 사람이 상어를	☐ 840	나는 초콜릿 우유를

57~58 일차 ^{리뷰}

번호	힌트	번호	힌트
☐ 841	나뭇잎이 바람에	☐ 856	나는 너무 목이
☐ 842	그들은 가난한	☐ 857	그 집은 작지만
☐ 843	그가 이 회의를	☐ 858	그는 책상에서
☐ 844	여름방학이 곧	☐ 859	콜라에 얼음을
☐ 845	체스 시합은 정말	☐ 860	우리 나중에 어디서
☐ 846	나는 오늘 두통이	☐ 861	여우는 사자보다
☐ 847	영어 수업은 너무	☐ 862	나는 이번 주말에
☐ 848	그는 넘어져서	☐ 863	우리는 벽에
☐ 849	한국에서 제일 큰 산은	☐ 864	꽃을 바구니에
☐ 850	그녀는 분필로	☐ 865	그는 자로 선을
☐ 851	종이 갑자기 크게	☐ 866	이 바지는 나에게
☐ 852	내 친구는 나에게	☐ 867	녹차는 매우
☐ 853	고양이는 상자	☐ 868	나는 가위로
☐ 854	나는 오늘 밤 멋진	☐ 869	개구리는 물속으로
☐ 855	손잡이를 오른쪽으로	☐ 870	너는 친절한 사람이

번호	힌트	번호	힌트
☐ 871	그녀는 아름다운	☐ 886	간호사가 그에게
☐ 872	비누로 손을	☐ 887	나는 그들 사이의
☐ 873	그녀는 보석을	☐ 888	"나는 죽음이 두렵지
☐ 874	저기 키가 큰 남자는	☐ 889	당신은 휴가를
☐ 875	여기로 불빛을	☐ 890	나는 이것을 위해
☐ 876	나는 그녀만큼	☐ 891	그녀는
☐ 877	나는 과학 클럽에	☐ 892	나의 할머니는
☐ 878	그녀는 여동생이	☐ 893	귀중품은 안전한
☐ 879	줄 뒤에	☐ 894	너는 먹지 않으면
☐ 880	경찰관은 도둑을	☐ 895	그녀는 토끼의
☐ 881	자석을 냉장고에	☐ 896	당신의 전화번호가
☐ 882	우리 배구팀이	☐ 897	여왕이 왕국을
☐ 883	그는 이모와 함께	☐ 898	그는 목표물의
☐ 884	폭풍이 많은 집을	☐ 899	어린 소년이 장난감을
☐ 885	호수에 수영하러	☐ 900	나는 이 노래를

여러분을 응원합니다 !

한글영어학습에 대해서 궁금한 점이 있다면
한글영어 공식카페로 질문해주세요.

한글영어 공식카페

🔍 https://cafe.naver.com/korchinese

모든 질문에 성심껏
답변을 드리도록 하겠습니다.

영어문장

판도라의 상자

번 호	영어단어	영어문장
☐ 001	corner	· Turn right at that **corner**.
☐ 002	health	· Which food is good for **health?**
☐ 003	solve	· I finally **solved** the difficult problem
☐ 004	classroom	· The students are in the **classroom**.
☐ 005	pay	· I will **pay** for lunch today.
☐ 006	zebra	· You can see **zebras** at the zoo.
☐ 007	south	· Birds flew **south** for the winter.
☐ 008	pumpkin	· This is a very large **pumpkin.**
☐ 009	neighbor	· He is my next-door **neighbor**.
☐ 010	ground	· I found a coin on the **ground**.
☐ 011	sign	· He passed the traffic **sign**.
☐ 012	watch	· Can we **watch** YouTube now?
☐ 013	magic	· **Magic** is his only hobby.
☐ 014	over	· The fox jumped **over** the fence.
☐ 015	letter	· I sent him a **letter** yesterday.

번호	영어단어	영어문장
☐ 016	stick	· The farmer grabbed the **stick.**
☐ 017	future	· I hope the **future** is peaceful.
☐ 018	speak	· I waited for her to **speak.**
☐ 019	noise	· The machine made a loud **noise.**
☐ 020	ostrich	· The **ostrich** is the largest bird in the world.
☐ 021	chicken	· I think **chicken** is tasty.
☐ 022	animal	· Most people like cute **animals.**
☐ 023	dinner	· We ate **dinner** together.
☐ 024	body	· Train your **body** and mind.
☐ 025	skin	· Your **skin** is very soft.
☐ 026	tell	· Can you **tell** me the answer?
☐ 027	good	· She is a **good** person.
☐ 028	America	· He is from **America.**
☐ 029	where	· **Where** are we going now?
☐ 030	desert	· The **desert** is very hot.

번 호	영어단어	영어문장
☐ 031	sorry	· He said he was really **sorry.**
☐ 032	science	· I am going to **science** class.
☐ 033	gentle	· She was very **gentle** with the kids.
☐ 034	angel	· They said they saw an **angel.**
☐ 035	chance	· I missed my last **chance.**
☐ 036	blackboard	· The teacher wrote on the **blackboard.**
☐ 037	look	· **Look** at the menu before you order.
☐ 038	water	· The dolphin jumped into the **water.**
☐ 039	window	· I saw the sunrise through the **window.**
☐ 040	lake	· The **lake** was a deep blue color.
☐ 041	blind	· The dog is helping the **blind** man.
☐ 042	remember	· Can you **remember** what happened?
☐ 043	street	· They walked down the **street.**
☐ 044	happen	· When did the accident **happen?**
☐ 045	what	· **What** are you doing now?

번 호	영어단어	영어문장
☐ 046	hard	· The bread is too **hard** to eat.
☐ 047	picture	· Please take a **picture** of us.
☐ 048	deep	· The river was too **deep** to swim.
☐ 049	fair	· I gave him a **fair** chance.
☐ 050	now	· I need to leave right **now.**
☐ 051	special	· I have a **special** gift for you.
☐ 052	umbrella	· It's raining. Take your **umbrella.**
☐ 053	interesting	· Science class is very **interesting.**
☐ 054	dance	· Let's **dance** to this music.
☐ 055	lady	· That **lady** was very nice to me.
☐ 056	through	· The train went **through** the tunnel.
☐ 057	fly	· They watched the plane **fly** away.
☐ 058	quickly	· They **quickly** ran home.
☐ 059	reason	· There's no **reason** to feel sad.
☐ 060	woman	· The **woman** stood up suddenly.

05 일차 ^{061~075}

번 호	영어단어	영어문장
☐ 061	very	· The jewelry was **very** expensive.
☐ 062	trouble	· He had **trouble** with his car.
☐ 063	sugar	· These cookies need more **sugar.**
☐ 064	bridge	· She drove her car over the **bridge.**
☐ 065	believe	· I **believe** she is telling the truth.
☐ 066	pet	· What kind of **pet** would you like to have?
☐ 067	musician	· The **musician** played a song for her.
☐ 068	button	· The **button** came off suddenly.
☐ 069	kettle	· Put the **kettle** on the stove.
☐ 070	how	· **How** did you make that?
☐ 071	magazine	· She was reading a **magazine.**
☐ 072	potato	· She made me **potato** salad.
☐ 073	shake	· Don't **shake** the soda too much.
☐ 074	hole	· This bag has a big **hole.**
☐ 075	o'clock	· It was already 3 **o'clock.**

☐ 076	road	· He drove down the **road** fast.
☐ 077	if	· I will go to your party **if** I can.
☐ 078	picnic	· We are going on a **picnic** tomorrow.
☐ 079	dream	· I had a bad **dream** last night.
☐ 080	shore	· Some people walked along the **shore.**
☐ 081	tourist	· I met a **tourist** from Australia.
☐ 082	here	· Please tell him I am **here**.
☐ 083	kindergarten	· My son is in **kindergarten** now.
☐ 084	want	· I don't **want** your help.
☐ 085	ready	· I'm not **ready** to leave yet.
☐ 086	almost	· I'm **almost** done with my homework.
☐ 087	once	· I meet him only **once** a year.
☐ 088	windy	· It is cold and **windy** outside.
☐ 089	sleepy	· I felt **sleepy** so I took a nap.
☐ 090	child	· The **child** asked for some candy.

번 호	영어단어	영어문장
□ 091	full	· The cup was **full** of water.
□ 092	life	· He lost his **life** in a car accident.
□ 093	already	· I am **already** late for work.
□ 094	homework	· I have to finish my **homework.**
□ 095	sell	· Does that store **sell** bread?
□ 096	actor	· My favorite **actor** is in that movie.
□ 097	bubble	· The baby popped the **bubble.**
□ 098	town	· The **town** held a festival last year.
□ 099	art	· We have an **art** class today.
□ 100	candle	· She lit **candles** for the party.
□ 101	find	· I couldn't **find** my key anywhere.
□ 102	bus stop	· Where is the **bus stop**?
□ 103	passport	· Please show me your **passport.**
□ 104	duck	· He saw a **duck** at the pond.
□ 105	east	· The sun rises in the **east.**

번호	영어단어	영어문장
☐ 106	wish	· I **wish** you a Happy New Year.
☐ 107	drop	· Try not to **drop** the glass bottle.
☐ 108	piece	· I ate a **piece** of pie yesterday.
☐ 109	math	· She really likes **math** class.
☐ 110	bed	· He slept in his new **bed.**
☐ 111	factory	· That is a car **factory.**
☐ 112	adult	· I am an **adult,** not a child.
☐ 113	another	· I asked for **another** piece of pie.
☐ 114	boy	· That **boy** was very kind.
☐ 115	wet	· I was all **wet** because of the rain.
☐ 116	same	· They are in the **same** class.
☐ 117	dive	· She **dived** deep into the water.
☐ 118	advice	· I asked him for **advice.**
☐ 119	rainbow	· I saw a **rainbow** in the sky.
☐ 120	try	· I will **try** harder next time.

번호	영어단어	영어문장
☐ 121	glove	· The **glove** was too small for her.
☐ 122	flag	· They waved the Korean **flag**.
☐ 123	ask	· Can I **ask** you some questions?
☐ 124	fall	· Be careful not to **fall** into the river.
☐ 125	ring	· I gave her a diamond **ring.**
☐ 126	pepper	· Add a little salt and **pepper**.
☐ 127	parents	· My **parents** live there too.
☐ 128	start	· I **start** work at nine o'clock every day.
☐ 129	foreign	· Many **foreign** tourists visit Korea.
☐ 130	lose	· I don't want to **lose** the race.
☐ 131	second	· He came in **second** in the race.
☐ 132	delicious	· This pizza is very **delicious.**
☐ 133	girl	· That **girl** is taller than me.
☐ 134	mad	· He is **mad** about old movies.
☐ 135	able	· I was **able** to finish my homework.

번 호	영어단어	영어문장
☐ 136	let's	· **Let's** go to the store right now.
☐ 137	or	· We meet five **or** six times a year.
☐ 138	foot	· The shoes didn't fit my **feet**.
☐ 139	open	· Please **open** the door for a moment.
☐ 140	rock	· The **rock** was too heavy to move.
☐ 141	newspaper	· I read the **newspaper** in the morning.
☐ 142	throw	· Don't **throw** the ball at her.
☐ 143	pig	· The **pig** is the fattest in the cage.
☐ 144	present	· I got a birthday **present**.
☐ 145	bakery	· He bought bread from the **bakery**.
☐ 146	forest	· The **forest** was quiet and dark.
☐ 147	voice	· His **voice** was very deep.
☐ 148	toothbrush	· I brush my teeth with a **toothbrush**.
☐ 149	egg	· I cooked an **egg** in a frying pan.
☐ 150	funny	· Her joke was very **funny** to me.

11 일차 ^{151~165}

번호	영어단어	영어문장
☐ 151	season	· Winter is my favorite **season.**
☐ 152	farmer	· The **farmer** planted corn in the field.
☐ 153	bank	· He works at a **bank.**
☐ 154	half	· He ate **half** of the cake by himself.
☐ 155	sheep	· The **sheep** are noisy today.
☐ 156	bright	· The sun is very **bright.**
☐ 157	park	· Let's take a walk in the **park**.
☐ 158	gift	· I gave her a birthday **gift.**
☐ 159	cabbage	· **Cabbage** is a healthy vegetable.
☐ 160	god	· Thor is the **god** of thunder.
☐ 161	big	· This is a **big** house.
☐ 162	grocery store	· I bought fruit at the **grocery store**.
☐ 163	again	· Can you say that **again,** please?
☐ 164	bat	· The **bat** flew into the forest.
☐ 165	black	· He bought some **black** pants.

12 일차 166~180

번호	영어단어	영어문장
☐ 166	weak	· He was too **weak** to lift the box.
☐ 167	raincoat	· Remember to bring your **raincoat**.
☐ 168	rose	· The pink **rose** is very beautiful.
☐ 169	busy	· I had a **busy** day today.
☐ 170	kid	· Even **kids** can understand this.
☐ 171	cover	· **Cover** your mouth when you cough.
☐ 172	turtle	· The **turtle** walked very slowly.
☐ 173	stay	· We will **stay** home tonight.
☐ 174	basketball	· Let's play **basketball** in the afternoon.
☐ 175	book	· This **book** is difficult to read.
☐ 176	get	· Did you **get** my package?
☐ 177	grass	· The ground was covered with **grass**.
☐ 178	great	· That was such a **great** movie.
☐ 179	wing	· The bird was flapping its **wings**.
☐ 180	slow	· The turtle was very **slow**.

13 일차 181~195

번 호	영어단어	영어문장
☐ 181	carrot	· **Carrots** are orange and crunchy.
☐ 182	history	· I wrote about French **history.**
☐ 183	fun	· That roller coaster was **fun.**
☐ 184	why	· **Why** did you miss class?
☐ 185	slide	· We **slid** down the hill quickly.
☐ 186	write	· I want to **write** a book.
☐ 187	river	· The **river** looks deep.
☐ 188	crazy	· He yelled like a **crazy** person.
☐ 189	check	· I'll **check** the price tag.
☐ 190	crowd	· The president addressed the **crowd.**
☐ 191	silver	· It was a beautiful **silver** necklace.
☐ 192	tower	· The old **tower** was very tall.
☐ 193	hall	· We walked down a long **hall.**
☐ 194	museum	· We went to a **museum** last Sunday.
☐ 195	motorcycle	· She can ride a **motorcycle.**

번 호	영어단어	영어문장
☐ 196	artist	· She is a great **artist.**
☐ 197	turkey	· We eat **turkey** on Thanksgiving.
☐ 198	stamp	· I put a **stamp** on the letter.
☐ 199	while	· He sang a song **while** taking a shower.
☐ 200	chin	· He has a broad **chin.**
☐ 201	allow	· I can't **allow** you to do that.
☐ 202	sword	· The **sword** was very sharp.
☐ 203	bamboo	· **Bamboo** grows very fast.
☐ 204	diary	· She tried to keep a **diary** every day.
☐ 205	raise	· **Raise** your hand if you have any questions.
☐ 206	different	· she looks **different** today.
☐ 207	hungry	· I am so **hungry** now.
☐ 208	can	· I'm sure I **can** help you.
☐ 209	favorite	· My **favorite** snack is potato chips.
☐ 210	earring	· She lost her **earring** this morning.

15 일차 _{211~225}

번 호	영어단어	영어문장
☐ 211	bird	· The **bird** is chirping on the branch.
☐ 212	ship	· I want to sail on a **ship.**
☐ 213	above	· The sparrow is flying **above** the tree.
☐ 214	student	· She is a smart **student.**
☐ 215	move	· Let's **move** the heavy rock.
☐ 216	climb	· He **climbed** the ladder carefully.
☐ 217	lamb	· She wants to raise a **lamb.**
☐ 218	habit	· Biting your nails is a bad **habit.**
☐ 219	clear	· The sky is **clear** and blue.
☐ 220	moon	· The **moon** shone on the lake.
☐ 221	will	· We **will** be there soon.
☐ 222	heavy	· The big rock is too **heavy.**
☐ 223	family	· I will love my **family** forever.
☐ 224	socks	· Your **socks** smell so bad.
☐ 225	country	· What **country** are you from?

번호	영어단어	영어문장
□ 226	never	· I will **never** go there again.
□ 227	insect	· An ant is an small **insect.**
□ 228	this	· How much does **this** bag cost?
□ 229	wood	· That boat is made of **wood.**
□ 230	know	· He **knows** the answer to the question.
□ 231	strike	· **Strike** his leg with the stick.
□ 232	thirsty	· I was so **thirsty** that I drank some water.
□ 233	war	· The **war** will end soon.
□ 234	battle	· They finally won the **battle.**
□ 235	school	· We were at the same **school**.
□ 236	thank	· Remember to **thank** your parents.
□ 237	catch	· He **caught** a flying ball.
□ 238	old	· He collects **old** stamps and coins.
□ 239	earth	· The **earth** is a planet, too.
□ 240	writer	· She is a **writer** at the newspaper.

번 호	영어단어	영어문장
☐ 241	cat	· She keeps a **cat** as a pet.
☐ 242	dessert	· That **dessert** is too sweet.
☐ 243	leave	· Does he have to **leave** now?
☐ 244	cow	· The old **cow** fell asleep.
☐ 245	people	· Many **people** cheered for him.
☐ 246	foggy	· This forest is too **foggy**.
☐ 247	noon	· The mail arrives at **noon** every day.
☐ 248	become	· I want to **become** a singer.
☐ 249	jewel	· He found a blue **jewel.**
☐ 250	hen	· The **hen** laid an egg this morning.
☐ 251	glue	· He put **glue** on the paper.
☐ 252	real	· His **real** name is Sam.
☐ 253	and	· I like dogs **and** cats very much.
☐ 254	white	· The cloud was **white** and soft.
☐ 255	tiger	· He saw a **tiger** at the zoo.

번호	영어단어	영어문장
☐ 256	age	· We are the same **age.**
☐ 257	bear	· The large **bear** growled at us.
☐ 258	build	· We will **build** a new house.
☐ 259	coin	· I dropped a **coin** on the bus.
☐ 260	rich	· The owner is very **rich.**
☐ 261	vegetable	· He is working in his **vegetable** garden.
☐ 262	telephone	· We talked on the **telephone.**
☐ 263	mark	· **Mark** the correct answer.
☐ 264	wrong	· We went the **wrong** way.
☐ 265	engineer	· She is a talented **engineer.**
☐ 266	ride	· I like to **ride** my bicycle.
☐ 267	walk	· We **walked** for a while in the park.
☐ 268	plane	· The **plane** landed at the airport.
☐ 269	near	· There was a restaurant **near** here.
☐ 270	about	· What is the movie **about?**

번호	영어단어	영어문장
☐ 271	tail	· Horses have long **tails.**
☐ 272	excellent	· She is an **excellent** student.
☐ 273	smart	· He is **smarter** than his brother.
☐ 274	rabbit	· The **rabbit** ran away quickly.
☐ 275	money	· I don't have enough **money.**
☐ 276	rise	· The sun is **rising** above the horizon.
☐ 277	without	· I went shopping **without** my wallet.
☐ 278	elephant	· The **elephant** has a long trunk.
☐ 279	come	· A friend **came** to see me.
☐ 280	sunny	· It's **sunny** and warm today.
☐ 281	easy	· The problem was too **easy** for him.
☐ 282	notebook	· I need a **notebook** for class.
☐ 283	outside	· The children played **outside.**
☐ 284	ugly	· He was a really **ugly** man.
☐ 285	baseball	· Playing **baseball** is really fun.

번호	영어단어	영어문장
☐ 286	thief	· That **thief** stole my money.
☐ 287	holiday	· Children's Day is my favorite **holiday**.
☐ 288	really	· That mountain is **really** high.
☐ 289	mind	· She finally changed her **mind**.
☐ 290	dangerous	· I don't like going to **dangerous** places.
☐ 291	land	· People grow vegetables on **land**.
☐ 292	shout	· I didn't mean to **shout** at you.
☐ 293	children	· Most **children** love candy.
☐ 294	help	· I **helped** my mom wash the dishes.
☐ 295	cap	· She is looking for her **cap**.
☐ 296	have	· How much money do you **have**?
☐ 297	single	· A **single** person understood my idea.
☐ 298	beach	· This **beach** has clean sand.
☐ 299	train	· I came here on the first **train**.
☐ 300	hurry	· Don't **hurry**, there's plenty of time.

21 일차 301~315

번호	영어단어	영어문장
□ 301	live	· They have **lived** in Seoul for five years.
□ 302	answer	· Who can **answer** my question?
□ 303	rice	· He ate two bowls of **rice**.
□ 304	eraser	· Can I borrow your **eraser**?
□ 305	lonely	· He felt **lonely** at night.
□ 306	village	· The **village** was very small.
□ 307	wolf	· If you see a **wolf,** run away.
□ 308	glasses	· She lost her **glasses** at school.
□ 309	minute	· The bus will arrive in 5 **minutes.**
□ 310	dry	· The air was **dry** and hot.
□ 311	metal	· Magnets stick easily to **metal**.
□ 312	snow	· It is hard to drive in **snow**.
□ 313	next	· Let's meet again **next** time.
□ 314	before	· He arrived **before** eight o'clock.
□ 315	call	· I forgot to **call** you first.

232 영어회화 후 알파벳 영어단어

번 호	영어단어	영어문장
☐ 316	pillow	· My new **pillow** is soft.
☐ 317	father	· My **father** is taller than me.
☐ 318	high	· Planes fly **high** in the sky.
☐ 319	natural	· A rainbow is a **natural** phenomenon.
☐ 320	corn	· Roasted **corn** tastes good.
☐ 321	watermelon	· **Watermelon** is my favorite fruit.
☐ 322	room	· My **room** is too small.
☐ 323	fast	· Rabbits are **faster** than turtles.
☐ 324	cave	· The **cave** was dark and scary.
☐ 325	push	· Don't **push** that button!
☐ 326	speech	· The president gave a **speech** yesterday.
☐ 327	plan	· The **plan** did not work well.
☐ 328	toilet	· Is there a **toilet** near here?
☐ 329	ill	· She fell **ill** for a month.
☐ 330	hope	· I **hope** she's not late for the meeting.

번호	영어단어	영어문장
☐ 331	monkey	· I saw a **monkey** at the zoo.
☐ 332	post office	· The **post office** was already closed.
☐ 333	ocean	· The **ocean** is very deep.
☐ 334	however	· **However**, she liked him in her heart.
☐ 335	right	· Go **right** at the corner.
☐ 336	north	· The wind blew from south to **north**.
☐ 337	date	· What **date** is it today?
☐ 338	machine	· The **machine** suddenly broke.
☐ 339	garage	· Park the car in the **garage.**
☐ 340	angry	· His answer made me **angry.**
☐ 341	bad	· That was a **bad** decision.
☐ 342	handsome	· The actor was very **handsome.**
☐ 343	noisy	· The children were very **noisy** last night.
☐ 344	glad	· I was **glad** to meet you here.
☐ 345	carry	· Can you **carry** this for me?

번 호	영어단어	영어문장
☐ 346	plant	· Flowers and vegetables are **plants.**
☐ 347	choose	· You can **choose** a room first.
☐ 348	someday	· I want to travel there **someday.**
☐ 349	brick	· The building is made of **brick.**
☐ 350	guide	· Can you **guide** me to the museum?
☐ 351	nose	· Touch your **nose** with your hand.
☐ 352	bowl	· I ate a **bowl** of soup in the morning.
☐ 353	play	· He wants to **play** basketball.
☐ 354	concert	· The **concert** was a great success.
☐ 355	asleep	· The tired kitten fell **asleep.**
☐ 356	foolish	· I don't want to look **foolish.**
☐ 357	later	· We can meet again **later.**
☐ 358	perhaps	· **Perhaps** we should come back tomorrow.
☐ 359	space	· There are many planets in **space.**
☐ 360	sleep	· I couldn't **sleep** last night.

번호	영어단어	영어문장
☐ 361	sun	· The **sun** is a very big star.
☐ 362	smell	· Does this dress **smell** bad?
☐ 363	station	· Where is the train **station?**
☐ 364	soldier	· **Soldiers** protect the country.
☐ 365	study	· I need to **study** math more.
☐ 366	gold	· The necklace was made of **gold.**
☐ 367	taste	· Can I **taste** the soup?
☐ 368	ball	· The kid threw the **ball.**
☐ 369	powder	· He ground the rice into **powder.**
☐ 370	listen	· **Listen** to my advice carefully.
☐ 371	cook	· He loved to **cook** for his son.
☐ 372	under	· The basket was **under** the table.
☐ 373	cost	· How much does this desk **cost?**
☐ 374	address	· That was the wrong **address.**
☐ 375	cry	· People **cry** when they are sad.

번호	영어단어	영어문장
☐ 376	event	· What kind of **event** is it?
☐ 377	give	· He **gave** me something to eat.
☐ 378	when	· **When** are we leaving?
☐ 379	kill	· Don't **kill** the young deer.
☐ 380	work	· They have to **work** harder.
☐ 381	palace	· What a beautiful **palace!**
☐ 382	leg	· The table **leg** is shaky.
☐ 383	manner	· He has no **manners** at all.
☐ 384	ago	· He arrived 5 minutes **ago.**
☐ 385	better	· Which do you like **better**?
☐ 386	finger	· I cut my **finger** with a knife.
☐ 387	mother	· Her **mother** is very kind.
☐ 388	explain	· Can you **explain** your plan to me?
☐ 389	happy	· I feel **happy** when I listen to music.
☐ 390	class	· I was late for **class** this afternoon.

번호	영어단어	영어문장
☐ 391	shadow	· She is looking at her **shadow.**
☐ 392	save	· He **saved** many people.
☐ 393	snowman	· Do you want to build a **snowman?**
☐ 394	whole	· I ate the **whole** cake by myself.
☐ 395	fail	· He **failed** to pass the test.
☐ 396	doctor	· The **doctor** will see you now.
☐ 397	wash	· **Wash** your hands first.
☐ 398	guest	· She is a **guest** in our house.
☐ 399	way	· Show me the **way** to the library.
☐ 400	thin	· Cut the potatoes into **thin** slices.
☐ 401	strawberry	· The **strawberry** is red and sweet.
☐ 402	police officer	· The **police officer** found a clue.
☐ 403	return	· Don't forget to **return** the book.
☐ 404	always	· I will **always** love you.
☐ 405	hunt	· He **hunted** in the forest last night.

번호	영어단어	영어문장
☐ 406	also	· I **also** have to leave now.
☐ 407	travel	· Have you ever **traveled** to Korea?
☐ 408	goat	· Is this a sheep or a **goat**?
☐ 409	towel	· Use the **towel** to dry your hair.
☐ 410	cut	· She **cut** the paper with scissors.
☐ 411	pull	· He **pulled** the door open.
☐ 412	city	· Seoul is a beautiful **city.**
☐ 413	calm	· Please remain **calm** for a moment.
☐ 414	prince	· The **prince** will be king someday.
☐ 415	but	· It is simple **but** not easy.
☐ 416	hill	· Let's go to the top of the **hill.**
☐ 417	some	· **Some** people were rude to him.
☐ 418	pressure	· The **pressure** is higher underwater.
☐ 419	roof	· He fixed the **roof** of my house.
☐ 420	worry	· Don't **worry** too much about the future.

239

번 호	영어단어	영어문장
☐ 421	bone	· He threw a **bone** to his dog.
☐ 422	story	· He told the children a **story.**
☐ 423	star	· The **star** is very bright in the sky.
☐ 424	put	· I **put** the book on my desk.
☐ 425	bicycle	· I ride my **bicycle** to work.
☐ 426	suddenly	· I **suddenly** felt very tired.
☐ 427	famous	· She is a **famous** actress.
☐ 428	bind	· Don't **bind** the box with a string.
☐ 429	head	· He moved his **head** up and down.
☐ 430	care	· Carry the box with **care**.
☐ 431	crown	· He put the **crown** on his head.
☐ 432	dentist	· The **dentist** fixed my tooth.
☐ 433	kick	· He **kicked** the ball hard.
☐ 434	talk	· Do you have time to **talk** now?
☐ 435	short	· She has **short** brown hair.

번 호	영어단어	영어문장
□ 436	evening	· I'm going out this **evening.**
□ 437	sharp	· This knife is very **sharp.**
□ 438	power	· He has the **power** to fire you.
□ 439	man	· That **man** is shorter than me.
□ 440	weather	· How is the **weather** today?
□ 441	apple	· The **apple** was juicy and sweet.
□ 442	wife	· She was both a **wife** and a mother.
□ 443	yesterday	· I missed my class **yesterday.**
□ 444	stop	· He **stopped** reading the book.
□ 445	onion	· She put **onions** on the bread.
□ 446	tooth	· I have a **tooth** that wiggles.
□ 447	eye	· The boy is touching his **eye.**
□ 448	pilot	· The **pilot** flew the plane.
□ 449	singer	· He was a famous **singer.**
□ 450	hospital	· She needs to go to the **hospital.**

번 호	영어단어	영어문장
☐ 451	deer	· A lion is hunting a **deer**.
☐ 452	cross	· We can **cross** the street now.
☐ 453	use	· Can I **use** your phone?
☐ 454	bathroom	· I was taking a shower in the **bathroom**.
☐ 455	stupid	· It was a **stupid** decision.
☐ 456	every	· The storm destroyed **every** house.
☐ 457	small	· Mice are **small** animals.
☐ 458	sport	· What **sport** do you like?
☐ 459	difficult	· That test was very **difficult**.
☐ 460	laugh	· Did he **laugh** at your joke?
☐ 461	supper	· What did you eat for **supper**?
☐ 462	top	· We reached the **top** of the mountain.
☐ 463	vase	· Let's put the flowers in a **vase**.
☐ 464	farm	· He spent the summer on a **farm**.
☐ 465	stage	· Who is that woman on **stage**?

32 일차 466 ~ 480

번 호	영어단어	영어문장
☐ 466	smile	· She **smiles** when she's happy.
☐ 467	dark	· The cave is so **dark** that I can't see.
☐ 468	lie	· The child **lied** to many people.
☐ 469	starfish	· He saw an orange **starfish**.
☐ 470	army	· The **army** attacked the city.
☐ 471	course	· The ship's **course** was already set.
☐ 472	mix	· **Mix** the ingredients well.
☐ 473	break	· Don't **break** the branch.
☐ 474	free	· Feel **free** to ask questions.
☐ 475	soft	· The pillow was very **soft**.
☐ 476	tall	· The giraffe is very **tall**.
☐ 477	mirror	· He looked in the **mirror**.
☐ 478	snake	· There is a **snake** in the grass.
☐ 479	low	· My math grades are very **low**.
☐ 480	soon	· He will arrive home **soon**.

번 호	영어단어	영어문장
☐ 481	trash can	· Throw the paper in the **trash can**.
☐ 482	table	· The bowl is on the **table**.
☐ 483	China	· **China** is a large country.
☐ 484	bookstore	· Let's go to the **bookstore**.
☐ 485	brain	· He has **brain** damage.
☐ 486	glory	· Enjoy your moment of **glory**.
☐ 487	dust	· His shoes were covered with **dust**.
☐ 488	lawyer	· She wants to talk to the **lawyer**.
☐ 489	accident	· He got in a car **accident.**
☐ 490	piggy bank	· He saved money in a **piggy bank**.
☐ 491	warm	· The pie was still **warm.**
☐ 492	nature	· She likes hiking in **nature**.
☐ 493	waterfall	· The **waterfall i**s very high.
☐ 494	easily	· He won the contest **easily.**
☐ 495	race	· The rabbit and turtle had a **race**.

번 호	영어단어	영어문장
☐ 496	tonight	· I had a wonderful time **tonight.**
☐ 497	necklace	· He bought her a silver **necklace.**
☐ 498	hobby	· His favorite **hobby** is fishing.
☐ 499	son	· My **son** is 4 years old.
☐ 500	wire	· I tied up the fence with **wire.**
☐ 501	stair	· We walked up the **stairs.**
☐ 502	husband	· Her **husband** is a famous doctor.
☐ 503	alive	· The insect is still **alive.**
☐ 504	tie	· You should **tie** your shoes.
☐ 505	job	· He is eagerly looking for a **job.**
☐ 506	pick	· **Pick** a number from one to ten.
☐ 507	list	· I need a **list** of the names.
☐ 508	quiet	· Please be **quiet** in the library.
☐ 509	draw	· I want to **draw** a picture.
☐ 510	gentleman	· The **gentleman** helped the lady.

35 일차 ^{511~525}

번호	영어단어	영어문장
☐ 511	need	· I really **need** your help.
☐ 512	other	· There is no **other** way now.
☐ 513	glass	· The vase is made of **glass**.
☐ 514	beef	· What do you want, **beef** or fish?
☐ 515	hundred	· The video has a **hundred** likes.
☐ 516	sing	· Let's **sing** a song now.
☐ 517	balloon	· The red **balloon** popped suddenly.
☐ 518	nickname	· Robert's **nickname** is Bob.
☐ 519	dog	· The **dog** was very cute.
☐ 520	important	· It's a very **important** meeting.
☐ 521	honest	· He is **honest** and kind.
☐ 522	church	· They go to **church** on Sundays.
☐ 523	twice	· He lost his wallet **twice.**
☐ 524	trip	· She took a **trip** to Australia.
☐ 525	follow	· **Follow** me. I know the way.

36 일차 526~540

번호	영어단어	영어문장
□ 526	pink	· She wore a **pink** dress.
□ 527	clean	· The dishes were very **clean**.
□ 528	boat	· We went to the island by **boat**.
□ 529	think	· **Think** twice before you act.
□ 530	among	· He was the tallest **among** them.
□ 531	finish	· I need to **finish** my work.
□ 532	sure	· Are you **sure** you can go?
□ 533	empty	· This box is completely **empty**.
□ 534	bored	· The student looks **bored**.
□ 535	subway	· They took the **subway** to Seoul.
□ 536	world	· I want to travel the **world**.
□ 537	flower	· She put **flowers** in a vase.
□ 538	baby	· The **baby** is crying loudly.
□ 539	wise	· His grandmother was very **wise**.
□ 540	hat	· He always wears a small **hat**.

번 호	영어단어	영어문장
☐ 541	market	· I went to the **market** with my friend.
☐ 542	gym	· She works out at a **gym everyday.**
☐ 543	floor	· The **floor** was cold and slippery.
☐ 544	summer	· **Summer** is hot but winter is cold.
☐ 545	week	· It took me a **week** to finish my homework.
☐ 546	tree	· Don't climb up that **tree.**
☐ 547	salt	· Eating too much **salt** is unhealthy.
☐ 548	feel	· I **felt** tired after taking a walk.
☐ 549	score	· The **score** was finally tied.
☐ 550	peace	· We all want **peace** on earth.
☐ 551	lion	· The **lion** roared loudly.
☐ 552	go	· Let's **go** to the store tomorrow.
☐ 553	shoe	· The **shoes** don't fit my feet.
☐ 554	send	· I have to **send** a package.
☐ 555	pass	· Will you **pass** me the sugar?

번호	영어단어	영어문장
□ 556	late	· He was **late** for the meeting.
□ 557	wear	· It's cold outside. So **wear** a hat.
□ 558	cloud	· The **cloud** was fluffy and white.
□ 559	color	· What **color** do you like?
□ 560	sound	· Did you hear that **sound?**
□ 561	doll	· The child wants a new **doll.**
□ 562	useful	· This tool is very **useful.**
□ 563	secret	· Can you keep a **secret?**
□ 564	paper	· I need a piece of **paper.**
□ 565	fire	· The building was on **fire.**
□ 566	wait	· **Wait** right here for a while.
□ 567	foreigner	· She is a **foreigner** from Italy.
□ 568	goose	· He found a **goose** in the snow.
□ 569	wind	· The **wind** is strong today.
□ 570	end	· This is the **end** of the road.

번호	영어단어	영어문장
☐ 571	pigeon	· I saw **pigeons** in the park.
☐ 572	fault	· It was my **fault** that we lost the game.
☐ 573	fine	· It is a **fine** day to go on a picnic.
☐ 574	number	· Enter your phone **number**.
☐ 575	thousand	· There were four **thousand** visitors.
☐ 576	red	· You must stop at the **red** light.
☐ 577	safe	· This is a **safe** area to live.
☐ 578	wave	· The **waves** crashed on the beach.
☐ 579	dining room	· Let's eat pizza in the **dining room.**
☐ 580	sometimes	· I **sometimes** forget to call my parents.
☐ 581	wake	· **Wake** up or you'll be late for school.
☐ 582	beside	· She sat **beside** him silently.
☐ 583	into	· We walked **into** the store.
☐ 584	together	· We had lunch **together** today.
☐ 585	purple	· His lips turned **purple** because of the cold.

번 호	영어단어	영어문장

☐ 586	idea	· That is a great **idea.**
☐ 587	usual	· He got up earlier than **usual.**
☐ 588	group	· We belong to the same **group.**
☐ 589	sick	· He was so **sick** that he went home.
☐ 590	English	· Can you speak **English?**
☐ 591	knife	· Hand me the **knife** over there.
☐ 592	hide	· The children **hid** behind the rock.
☐ 593	birthday	· When is your **birthday?**
☐ 594	daughter	· My **daughter** is very smart.
☐ 595	stadium	· The **stadium** was full of people.
☐ 596	garden	· There are many flowers in my **garden.**
☐ 597	pencil	· Can I borrow your **pencil?**
☐ 598	twin	· He has a **twin** brother.
☐ 599	Japan	· What is the capital of **Japan?**
☐ 600	blue	· The sky is clear and **blue.**

번 호	영어단어	영어문장
☐ 601	airplane	· The **airplane** flew over our heads.
☐ 602	prison	· The thief was sent to **prison.**
☐ 603	sad	· He was so **sad** that he cried.
☐ 604	last	· She is the **last** person in line.
☐ 605	shell	· The child picked up the **shell.**
☐ 606	still	· He is **still** sleeping in bed.
☐ 607	cold	· The weather is **cold** today.
☐ 608	spider	· The **spider** spun a web.
☐ 609	welcome	· **Welcome** to my home.
☐ 610	maybe	· **Maybe** three or five times a year.
☐ 611	bread	· He baked some fresh **bread.**
☐ 612	Korea	· She has lived in **Korea** for three years.
☐ 613	bring	· Please **bring** me a cup of coffee.
☐ 614	fruit	· What **fruit** do you like best?
☐ 615	weekend	· How was your **weekend?**

번 호	영어단어	영어문장
☐ 616	oil	· **Oil** and water do not mix.
☐ 617	left	· You should turn **left** here.
☐ 618	peach	· The **peach** is sweet and juicy.
☐ 619	prize	· She won a **prize** in the game.
☐ 620	autumn	· **Autumn** is the best season.
☐ 621	gray	· He likes the **gray** shirt.
☐ 622	fat	· The cat was too **fat** to move.
☐ 623	lot	· She ate a **lot** of chocolate.
☐ 624	begin	· The musical will **begin** in 5 minutes.
☐ 625	classmate	· My **classmate** was late for class again.
☐ 626	hit	· You shouldn't **hit** the children.
☐ 627	large	· A **large** bear suddenly approached us.
☐ 628	afraid	· The child is **afraid** of the monster.
☐ 629	drive	· We should **drive** the car to the store.
☐ 630	arrive	· Did the guests **arrive** at the party?

번호	영어단어	영어문장
☐ 631	fight	· Don't **fight** with your friend.
☐ 632	nice	· The weather is **nice** today.
☐ 633	wide	· Our house has a **wide** porch.
☐ 634	memory	· Bad **memories** last forever.
☐ 635	eat	· Is there anything to **eat?**
☐ 636	heart	· Running is good for the **heart**.
☐ 637	word	· Look up the **word** in the dictionary.
☐ 638	airport	· I waited for my flight at the **airport**.
☐ 639	teacher	· My **teacher** arrived early.
☐ 640	clever	· The monkey was very **clever.**
☐ 641	castle	· The king lived in the **castle.**
☐ 642	bottle	· She drank a **bottle** of water.
☐ 643	business	· How's your **business** going these days?
☐ 644	information	· I want more **information** on that.
☐ 645	run	· **Run** away from the monster!

번호	영어단어	영어문장
☐ 646	shop	· Is there a **shop** near here?
☐ 647	behind	· What's **behind** that door?
☐ 648	brother	· My younger **brother** is shorter than me.
☐ 649	true	· What I said was really **true.**
☐ 650	owl	· The **owl** was hunting a mouse.
☐ 651	knock	· He **knocked** on the door.
☐ 652	dad	· My **dad** is fixing the desk.
☐ 653	say	· She didn't **say** anything.
☐ 654	neck	· He hurt his **neck** while stretching.
☐ 655	deaf	· The explosion made him **deaf.**
☐ 656	home	· I want to go **home** and rest.
☐ 657	careful	· Be **careful** when crossing the street.
☐ 658	mail	· Did you get my e-**mail** yesterday?
☐ 659	cousin	· My **cousin** lives in Japan.
☐ 660	tale	· My grandfather told me a sad **tale**.

번 호	영어단어	영어문장
☐ 661	mine	· That sandwich is **mine.**
☐ 662	living room	· The kids are in the **living room**.
☐ 663	enter	· You may **enter** this room anytime.
☐ 664	face	· Wash your hands and **face** first.
☐ 665	field	· There are horses in the **field**.
☐ 666	change	· I want to **change** my order.
☐ 667	arm	· She fell and broke her **arm.**
☐ 668	zoo	· The **zoo** has many animals.
☐ 669	learn	· She wants to **learn** German.
☐ 670	win	· Did you **win** the contest last week?
☐ 671	tomorrow	· I will go there **tomorrow.**
☐ 672	spend	· He **spends** a lot of money on clothes.
☐ 673	cash	· Are you using **cash** or card?
☐ 674	contest	· He didn't attend the **contest**.
☐ 675	clown	· The **clown** made us laugh.

번호	영어단어	영어문장
☐ 676	inside	· What's **inside** the box?
☐ 677	long	· The cat's tail was **long.**
☐ 678	ruler	· I need a **ruler** to draw a line.
☐ 679	absent	· She was **absent** from school.
☐ 680	night	· I slept for 2 hours last **night.**
☐ 681	member	· Are you a **member** of this club?
☐ 682	who	· **Who** is that man over there?
☐ 683	lunch	· Where should we get **lunch?**
☐ 684	double	· I'd like to reserve a **double** room.
☐ 685	breakfast	· She eats an egg for **breakfast.**
☐ 686	swing	· He **swung** his arm back and forth.
☐ 687	accept	· I'd love to **accept** your invitation.
☐ 688	smoke	· Where is that **smoke** coming from?
☐ 689	general	· The **general** ordered an attack.
☐ 690	hair	· His **hair** was too long.

47 일차 _{691 ~ 705}

번 호	영어단어	영어문장
☐ 691	cloudy	· The weather is **cloudy** today.
☐ 692	door	· Please shut the **door** slowly.
☐ 693	lucky	· I was **lucky** to see her here.
☐ 694	hot	· The water was too **hot.**
☐ 695	something	· Is there **something** wrong?
☐ 696	place	· This is a nice **place** to rest.
☐ 697	roll	· She **rolled** the dice hard.
☐ 698	gallery	· The painting is in the **gallery.**
☐ 699	young	· He is **young**, but very wise.
☐ 700	sea	· I love the smell of the **sea.**
☐ 701	chair	· Her cat is on the **chair.**
☐ 702	hold	· Can you **hold** this for me?
☐ 703	firefighter	· The **firefighter** put out the fire.
☐ 704	reach	· We **reached** the airport just in time.
☐ 705	across	· The store is **across** the street.

번호	영어단어	영어문장
☐ 706	grape	· I like green **grapes** better than red **grapes**.
☐ 707	meat	· The lion is eating delicious **meat**.
☐ 708	side	· He went out through the **side** door.
☐ 709	ant	· **Ants** are strong insects.
☐ 710	act	· Please don't **act** silly anymore.
☐ 711	today	· Where should we go **today?**
☐ 712	mouth	· She opened her **mouth** wide.
☐ 713	early	· You should get up **early** tomorrow.
☐ 714	brush	· I cleaned the bathroom with a toilet **brush**.
☐ 715	front	· There is a dog in **front** of the table.
☐ 716	tired	· I was so **tired** that I went to bed early.
☐ 717	afternoon	· He was very busy this **afternoon.**
☐ 718	soccer	· I like playing **soccer** in the stadium.
☐ 719	chopstick	· Her **chopstick** broke all of a sudden.
☐ 720	buy	· I want to **buy** a big car.

번호	영어단어	영어문장
□ 721	steal	· Did you **steal** that money?
□ 722	pretty	· That flower is small and **pretty.**
□ 723	person	· Is that **person** your friend?
□ 724	often	· How **often** do you go to church?
□ 725	salty	· This soup is too **salty.**
□ 726	between	· It's **between** the bakery and the bank.
□ 727	name	· Do you know what her **name** is?
□ 728	collect	· She likes to **collect** stamps.
□ 729	first	· What time is the **first** train to Busan?
□ 730	yellow	· Pick up the **yellow** crayon.
□ 731	see	· Can you **see** the finish line?
□ 732	king	· He was the **king** of England.
□ 733	quick	· We need to make a **quick** decision.
□ 734	then	· I was very young **then.**
□ 735	giraffe	· The **giraffe** is very tall.

번호	영어단어	영어문장
□ 736	police car	· A **police car** arrived at the accident scene.
□ 737	order	· The soldier followed the **order.**
□ 738	only	· **Only** you can enter the room.
□ 739	sand	· His shoes were full of **sand.**
□ 740	after	· Peace came **after** the war.
□ 741	rain	· Soon it will start to **rain.**
□ 742	until	· I can't wait **until** she arrives.
□ 743	rainy	· I don't like **rainy** days.
□ 744	fact	· She told me some interesting **facts.**
□ 745	teach	· I **taught** him how to drive a car.
□ 746	must	· You **must** pass this test.
□ 747	wall	· The **wall** was made of bricks.
□ 748	moment	· Every **moment** is precious for me.
□ 749	toad	· A **toad** is different from a frog.
□ 750	air	· The **air** was clean and fresh.

번호	영어단어	영어문장
☐ 751	branch	· He cut a **branch** from the tree.
☐ 752	grade	· My final **grade** was high.
☐ 753	time	· What **time** are you going to leave?
☐ 754	much	· He was under **much** stress.
☐ 755	root	· The tree has strong **roots.**
☐ 756	cool	· The stream was very **cool.**
☐ 757	driver	· The **driver** drove the car fast.
☐ 758	brown	· She likes the **brown** dog.
☐ 759	fill	· **Fill** the cup with cold water.
☐ 760	price	· He put a **price** tag on the bag.
☐ 761	flat	· The earth is not **flat.**
☐ 762	sit	· Please **sit** down in the chair.
☐ 763	morning	· I got up early this **morning.**
☐ 764	music	· Do you listen to **music** often?
☐ 765	many	· She traveled to **many** countries.

번 호	영어단어	영어문장
☐ 766	spring	· **Spring** is a lovely season.
☐ 767	on	· The cup is **on** the table.
☐ 768	all	· I ate **all** of the pie by myself.
☐ 769	sky	· The **sky** is very clear today.
☐ 770	kitchen	· He was cooking in the **kitchen.**
☐ 771	mean	· What does that word **mean?**
☐ 772	danger	· The way ahead is full of **danger**.
☐ 773	silent	· The children's room was very **silent.**
☐ 774	dolphin	· The **dolphin** quickly followed us.
☐ 775	fish	· She caught the **fish** with her hands.
☐ 776	green	· The grass in the playground is **green.**
☐ 777	hang	· Can you **hang** up this painting?
☐ 778	west	· The town is **west** of here.
☐ 779	step	· She took a **step** forward.
☐ 780	lip	· He bit his **lips** hard.

번호	영어단어	영어문장
☐ 781	mouse	· The **mouse** ran away quickly.
☐ 782	touch	· Don't **touch** the hot oven.
☐ 783	toy	· He got a new **toy** for his birthday.
☐ 784	because	· I got wet **because** it rained.
☐ 785	library	· The **library** was very quiet.
☐ 786	food	· Let's eat some **food** right now.
☐ 787	similar	· The twin brothers are very **similar**.
☐ 788	map	· I found the city on the **map**.
☐ 789	turn	· **Turn** the handle to the right.
☐ 790	million	· The house costs over a **million** dollars.
☐ 791	horse	· **Horses** are very good at running.
☐ 792	close	· Please **close** the window tightly.
☐ 793	decide	· I **decided** to quit smoking.
☐ 794	circle	· The child drew the **circle** carefully.
☐ 795	uncle	· He is my favorite **uncle**.

번호	영어단어	영어문장
☐ 796	read	· I want to **read** a book.
☐ 797	strong	· He was **strong** enough to lift a rock.
☐ 798	too	· I am on my way there, **too**.
☐ 799	shoulder	· He needed a **shoulder** massage.
☐ 800	meal	· The **meal** was very delicious.
☐ 801	along	· We walked **along** the beach.
☐ 802	pocket	· The coins are in my shirt **pocket**.
☐ 803	show	· She **showed** me his letter.
☐ 804	gate	· The landlord shut the **gate**.
☐ 805	with	· I went shopping **with** Billy yesterday.
☐ 806	problem	· I have a big **problem**.
☐ 807	Korean	· They are **Korean** and American.
☐ 808	company	· She works for a car **company**.
☐ 809	middle	· I stood in the **middle** of a field.
☐ 810	hear	· Did you **hear** the news story?

번호	영어단어	영어문장
☐ 811	monster	· There was a **monster** in the woods.
☐ 812	bench	· She sat on the **bench**.
☐ 813	restaurant	· Let's eat lunch at that **restaurant**.
☐ 814	brave	· The knight was very **brave**.
☐ 815	new	· He needs some **new** clothes.
☐ 816	round	· The earth is **round** like a ball.
☐ 817	winter	· **Winter** is very cold.
☐ 818	during	· Don't talk **during** the movie.
☐ 819	bedroom	· The **bedroom** was very small.
☐ 820	surprised	· I was **surprised** to see him here.
☐ 821	do	· Can you **do** something for me?
☐ 822	tool	· A hammer is a useful **tool**.
☐ 823	heaven	· He died and went to **heaven**.
☐ 824	grandfather	· My **grandfather** was kind to me.
☐ 825	shark	· Many people are afraid of **sharks**.

번 호	영어단어	영어문장

☐ 826　**movie**　· The **movie** was really boring.

☐ 827　stone　· He threw a **stone** at the bird.

☐ 828　**dear**　· She is my **dear** friend.

☐ 829　mail carrier　· The **mail carrier** delivered my letter.

☐ 830　**strange**　· She has a really **strange** hobby.

☐ 831　football　· Please teach me how to kick a **football.**

☐ 832　**light**　· Turn the **light** off right now.

☐ 833　proud　· He was **proud** of his son.

☐ 834　**make**　· Can you **make** cookies?

☐ 835　queen　· She is the **queen** of England.

☐ 836　**office**　· I'll show you to his **office.**

☐ 837　hand　· His **hand** was shaking badly.

☐ 838　**store**　· What does that **store** sell?

☐ 839　simple　· What I am saying is **simple.**

☐ 840　**like**　· I really **like** chocolate milk.

번호	영어단어	영어문장
☐ 841	leaf	· The **leaf** blew away in the wind.
☐ 842	poor	· They were a **poor** family.
☐ 843	lead	· He will **lead** this meeting.
☐ 844	vacation	· Summer **vacation** is starting soon.
☐ 845	match	· The chess **match** was very interesting.
☐ 846	headache	· I have a bad **headache** today.
☐ 847	lesson	· The English **lesson** was too difficult.
☐ 848	knee	· He fell and hurt his **knee**.
☐ 849	mountain	· What is the biggest **mountain** in Korea?
☐ 850	chalk	· She drew the tiger with **chalk**.
☐ 851	bell	· The **bell** suddenly rang loudly.
☐ 852	friend	· My **friend** is very kind to me.
☐ 853	box	· The cat sat on the **box**.
☐ 854	wonderful	· I had a **wonderful** time tonight.
☐ 855	handle	· Turn the **handle** to the right.

번호	영어단어	영어문장
☐ 856	drink	· I was so thirsty that I **drank** some water.
☐ 857	house	· The **house** is small but cozy.
☐ 858	desk	· He studied math at his **desk.**
☐ 859	ice	· Put some **ice** in the coke.
☐ 860	meet	· Where should we **meet** later?
☐ 861	fox	· The **fox** was smarter than the lion.
☐ 862	visit	· I should **visit** my parents this weekend.
☐ 863	clock	· We hung the **clock** on the wall.
☐ 864	basket	· Put the flowers in the **basket.**
☐ 865	line	· He drew a **line** with a ruler.
☐ 866	pants	· These **pants** don't fit me.
☐ 867	tea	· Green **tea** is very tasty.
☐ 868	scissors	· I cut the colored paper with **scissors**.
☐ 869	frog	· The **frog** jumped into the water.
☐ 870	kind	· You should be a **kind** person.

269

번호	영어단어	영어문장
☐ 871	beautiful	· She was a **beautiful** bride.
☐ 872	soap	· Wash your hands with **soap.**
☐ 873	case	· She kept her jewelry in the **case.**
☐ 874	there	· Who is the tall man over **there**?
☐ 875	shine	· **Shine** the light over here.
☐ 876	jump	· I can't **jump** as high as she can.
☐ 877	join	· I want to **join** the science club.
☐ 878	sister	· She has a younger **sister.**
☐ 879	stand	· Please **stand** behind the line.
☐ 880	policeman	· The **policeman** arrested the thief.
☐ 881	magnet	· Put the **magnet** on the refrigerator.
☐ 882	volleyball	· Our **volleyball** team won the match.
☐ 883	aunt	· He is staying with his **aunt.**
☐ 884	storm	· The **storm** destroyed many houses.
☐ 885	swim	· Let's go **swimming** in the lake.

번 호	영어단어	영어문장
☐ 886	nurse	· The **nurse** gave him a shot.
☐ 887	difference	· I knew the **difference** between them.
☐ 888	death	· "I'm not afraid of **death,**" he said
☐ 889	enjoy	· Did you **enjoy** your holiday?
☐ 890	dish	· I need a small **dish** for this.
☐ 891	player	· She is a volleyball **player.**
☐ 892	grandmother	· My **grandmother** passed away two years ago.
☐ 893	keep	· Please **keep** your valuables in a safe place.
☐ 894	die	· You will **die** if you don't eat.
☐ 895	ear	· She grabbed the rabbit's **ears**.
☐ 896	phone	· What is your **phone** number?
☐ 897	kingdom	· The queen ruled the **kingdom.**
☐ 898	center	· He hit the **center** of the target.
☐ 899	little	· A **little** boy is playing with a toy.
☐ 900	song	· I like this **song** very much.

한글영어에 대한 모든 걱정은 편견에 불과하다

이제까지 여러 해 동안 한글영어를 전파하면서 수많은 사람들의 한글로 영어를 배우는 것에 대한 걱정과 고민과 우려를 상담해 왔습니다.

그러나 확실하게 말씀드릴 수 있습니다만 여러분이 생각하는 고민은 단지 기우에 불과하다는 것입니다.

가장 크게는 한글로 하면 영어발음이 나빠질까 봐 걱정합니다만 그런 일은 절대로 일어나지 않습니다. 이제까지 공부한 사람들이 증명합니다.

초기에 한글로 영어를 배우자마자 읽는 그 엉터리 발음으로 한글영어의 가치를 판단하면 안 됩니다. 그렇게 따지면 가장 처음 "어~으 마"라고 말하는 한국 아기들은 나중에 '엄마'라 하지 않고 평생 "어~으 마"라고 한다고 생각하는 것과 같습니다.

한글영어를 한다는 것은 마치 노래를 배우는 것과 100% 똑같습니다.

처음 들어보는 노래의 경우에는 가사조차 읽는 것이 힘들어서 가사만 따로 책을 읽듯이 음미하면서 읽어본 경험이 있을 것입니다. 이러한 과정을 통해서 노래의 흐름을 이해하고 그다음에 박자나 음정을 살려서 차츰 연습합니다. 수많은 연습을 한 후에는 처음과는 완전히 다르게 노래를 잘 부르게 됩니다.

한글영어로 하는 학습하는 과정도 마찬가지입니다.

처음에는 마치 책을 읽듯 읽겠지만 원어민 음성을 들으면서 따라 하려고 하면서 수없이 읽다 보면 본인도 모르게 물 흐르듯 원어민처럼 읽고 있는 자신을 발견하게 됩니다. 언제까지나 한글영어를 책 읽듯이 읽지 않는다는 것입니다. 결론적으로 발음을 걱정할 필요가 없습니다.

한글가사로 가요를 배웠는데 노래를 못 부른다고 해서 한글가사로 배워서 못 부른다고 핑계를 대는 사람이 없듯이, 한글로 영어를 배웠는데 발음이 이상하다고 해서 한글영어를 탓할 수 없습니다. 노래를 못 부른 것은 노래를 부른 사람의 노력 부족일 수 있듯이, 영어를 한글처럼 읽는다면 그것은 학습자의 노력 부족일 수 있습니다.

또 한가지는 "한글로 배우다 보면 읽기를 못 하는 게 아닐까?"하고 나중에 영어를 읽는 것에 대해서도 걱정합니다. 그러나 오히려 반대입니다. 지금 파닉스를 통해서 읽는 읽기는 가짜 읽기입니다. 진짜 읽기는 듣기가 된 다음에 읽는 읽기입니다.

진짜 읽기란 원어민의 영어소리와 영어글자를 매치를 시킬 줄 알아서 나중에 영어글자를 읽어야 할 때, 본인도 모르게 원어민의 소리가 생각나서 읽는 것을 말합니다.

한글영어는 듣기를 위한 학습법입니다. 만약 한글영어로 영어듣기가 완성되었다면 오히려 진짜 읽기를 잘 할 수 있습니다. 그래서 가짜 읽기를 할 때보다 영어책을 더 재밌고 빠르게 읽을 수 있습니다. 한글책도 듣고 말하는 한국어가 된 다음에 따로 ㄱ, ㄴ, ㄷ 한글을 배워서 읽었습니다.

영어도 듣기가 된 다음에 읽기를 위한 요령만 배우면 곧바로 영어책을 잘 읽을 수 있습니다. 그래서 읽기도 걱정할 필요가 전혀 없습니다.

이외에도 질문들이 수없이 많습니다만 그 모든 질문에 한글영어는 합리적 답변이 가능하다고 자신 있게 말씀드릴 수 있습니다.

〈정용재의 영어독설〉 중에서

한글로 배우는 영어는
세종대왕과 집현전의 학습법이다

세종대왕은 한글을 창제하신 후 집현전에 지시해서 중국어 한자 밑에, 일본어 한자나 가나 밑에 한글로 발음을 적어서 교재를 만들도록 했습니다.

그래서 신숙주가 직접 중국에 수차례 방문해서 현지 사람들의 중국어 발음을 듣고, 이를 한자 밑에 한글로 발음을 달았습니다. 이런 식으로 해서 한글중국어, 한글일본어 등 한글로 배우는 외국어교재를 만들었습니다.

그리고 이들 교재들을 이용해서 사역원이라고 하는 통역관을 배출하는 기관에서 외국어 교육을 시행했다는 기록이 역사적으로 남아 있습니다.

다시 말해서 한글로 배우는 외국어를 처음 생각한 사람은 세종대왕이고, 교재를 만든 사람은 집현전 학자들이고, 이 교재로 공부한 사람은 전문통역관이었습니다. 교육의 역사가 거의 500년에 이르는 대단한 외국어학습법입니다.

한글의 가치는 우리글로서의 가치뿐만 아니라 외국어를 배우는 발음기호로서의 가치를 지녔습니다. 그런데도 우리는 우리글로써 받아들이는데도 몇백년이 걸렸지만, 한글의 또 한가지 가치인 외국어학습을 위한 글자로 받아들이는데는 아직도 어려운 현실입니다.

우리는 한글의 우수성과 과학성을 자랑스럽게 생각합니다, 그래서 한글의 세계화라는 이름으로 문자가 없는 나라에서 한글을 문자로 쓸 수 있도록 운동을 펼치고 있습니다. 이를 역으로 생각하면 우리가 영어회화를 배우는데 한글을 활용할 수 있음을 의미합니다. 그리고 한글영어가 성공한다면 한글의 세계화도 자연스럽게 성공할 수 있습니다.

〈정용재의 영어독설〉 중에서

이제까지 소리영어 학습법이 실패한 이유가 있다

소리영어로 했는데도 영어공부에 실패했다고 해서 소리영어 자체가 잘못된 것은 아닙니다. 이제까지 지구상에 산 수천억 명의 사람들은 문자가 아닌 소리로 언어를 배웠습니다. 그래서 소리로 영어를 배우는 것에 대해서 의문을 가질 필요는 전혀 없습니다. 다만 영어소리로 영어를 배워야 하는 것은 맞지만, 이제까지 이를 실제로 적용하는 데 있어서 간과한 부분들이 있었기 때문에 실패한 것입니다.

1. 소리영어를 시작하는 사람의 수준

소리영어를 이제 막 시작하는 사람들의 수준이 제각각임을 고려해야 합니다. 단순히 영어소리를 열심히 들으라고 해서는 안 되는 이유입니다. 가장 최적의 상태는 나이에 상관없이 영어문자를 배우지 않아서 오로지 영어소리에만 집중할 수 있는 상태입니다. 만약 이미 영어문자를 알고 있다면 알고 있는 문자학습내용들을 잊으려고 노력을 해야 해서 소리영어학습이 정말 어려울 수 있습니다. 지금까지 소리영어를 했는데도 실패한 사람들이 이런 경우입니다.

2. 소리영어를 실천할 수 있는 최적의 교재

이제까지 소리영어를 표방하는 곳에서는 되도록 영어문자를 보면 안 된다고 말하지만, 아예 영어문자를 볼 수 없도록 영어문자를 제공하지 않는 곳은 없습니다. 그래서 학습자는 영어소리만 들어야 하는데도 불구하고 답답한 마음에 영어문자를 보게 됩니다. 이렇게 되면 소리영어를 하는 의미가 없게 됩니다.

다시 말해서, 학습자의 상태를 정확히 구분하지 않았다는 점과 제공되는 교재의 불완전함 때문에 실패한 것이지 소리영어 자체가 문제는 아니라는 것입니다.

〈정용재의 영어독설〉 중에서

듣기, 읽기, 쓰기, 말하기
모두 안 되는 영어교육

일반적으로 한국 사람은 본인은 영어 말하기는 잘 안 되지만 적어도 영어 듣기, 영어 읽기, 영어 쓰기는 어느 정도 된다고 생각합니다. 그래서 "제가 영어 듣기는 되는데 영어 말하기가 안됩니다."라고 말합니다. 그러나 실제로 우리가 잘할 수 있는 것은 하나도 없습니다.

영어 읽기가 된다고 해서 편하게 영어책으로 독서를 하지는 않습니다. 영어 듣기가 된다고 해서 무자막으로 영화나 뉴스를 볼 수가 없습니다. 영어 쓰기가 된다고 해서 영어로 편지나 일기를 쓰는 것이 자유로운 것도 아닙니다. 원어민을 만나서 자유롭게 말 한마디 하기는 정말 어려운 상황입니다.

우리에게 가능한 것은 영어 '시험'을 위한 읽기, 쓰기, 듣기, 말하기일 뿐입니다. 실제 생활에서 활용할 수 있는 읽기, 쓰기, 듣기, 말하기능력이 전혀 아닙니다.

이렇게 엉터리 영어교육이 이루어진 데에는 모든 영어전문가들이 잘못 생각하고 있는 정말 중요한 한 가지 이유가 있습니다.

영어의 4대 영역을 동시에 공부하면 영어를 더 잘할 수 있다는 잘못된 이론 때문입니다. 그러나 이는 명백히 잘못된 이론입니다. 이제까지 지구상에 산 수천억 명의 사람은 소리로 먼저 모국어를 배운 후 몇 년이 지나서 문자를 배우게 됩니다. 즉, 철저히 문자와 소리가 분리된 언어교육을 받았다는 것입니다.

한국인이 영어공부를 할 때도 먼저 영어소리로 영어를 익힌 후 영어문자를 배운다면 영어공부에 도전하는 한국인 모두가 영어학습에 성공할 수 있을 것입니다.

이제라도 바로 잡지 않으면 자라나는 아이들이 성인들의 잘못된 영어교육을 그대로 답습할 수밖에 없고, 그 아이들도 결국 듣고 말하는 영어가 불가능합니다.

〈정용재의 영어독설〉 중에서